사회학자 김찬호 에세이

베이비부머가 노년이 되었습니다

사회학자 김찬호 에세이
베이비부머가 노년이 되었습니다

초판 1쇄 발행 2024년 2월 15일

지은이 | 김찬호
펴낸곳 | (주)태학사
등록 | 제406-2020-000008호
주소 | 경기도 파주시 광인사길 217
전화 | 031-955-7580
전송 | 031-955-0910
전자우편 | thspub@daum.net
홈페이지 | www.thaehaksa.com

편집 | 김선정 조윤형 여미숙
마케팅 | 김일신
경영지원 | 김영지

값 17,500원
ISBN 979-11-6810-246-0 03300

"도서출판 날"은 (주)태학사의 인문·에세이 브랜드입니다.

책임편집 | 김선정
디자인 | 김회량

사회학자 김찬호 에세이

베이비부머가 노년이 되었습니다

삶의 리셋 버튼을 누르는
마흔 단어

낮

얼마 전부터 나의 일상에 돌봄의 시간이 늘어나고 있
다. 첫돌이 갓 지난 손녀가 딸과 함께 가까이에 살고 있
어서 종종 들러 육아를 거들고 있기 때문이다. 하루가
다르게 모습이 달라지고 몸놀림이 민첩해지는 아이를
바라보면서 생명의 경이로움을 느낀다. 아빠로서 딸들
을 키울 때는 생계에 바빠서 그랬는지 또는 너무 젊어
서였는지, 그런 기쁨을 제대로 누리지 못했던 것 같다.
물론 아이와 놀아주는 것이 언제나 즐겁기만 한 것은
아니다. 대화가 전혀 되지 않는 아이에게 모든 것을 맞
추어주어야 하기에 적잖은 기력이 요구되고, 불과 몇
십 분 만에 지쳐버리기도 한다. 다행히 다른 가족들이

분담하고 있어서 나는 시간이 되는 만큼 돌보아주기만 해도 된다.

그와 상반되는 시간도 있다. 올해 100세가 되신 아버지를 보살피는 일이다. 아버지는 여동생이 모시고 있는데, 지난해 가을부터 병세가 깊어지면서 더욱 자주 찾아뵙고 있다. 교회 출석과 병원 진료 등의 나들이에 동행하고 안마를 해드리고 때로 식사도 챙겨드리는 등 몸 쓰는 일이 많지만, 그보다 중요한 돌봄은 마음을 위로해드리는 일이다. 통증에 밤낮으로 시달리는 괴로움, 눈과 귀가 너무 어두워져 종일 아무것도 못 하면서 집에 갇혀 지내는 무료함, 만날 사람도 없고 전화 한 통 걸려 오지 않는 외로움을 토로하실 때 온전히 귀를 기울여야 한다. 그러나 아무리 정성을 다해도 아버지의 신체적 노쇠를 막을 수 없고, 심리적 곤경을 덜어드리는 데도 한계가 있다. 아버지는 심신의 고통을 혼자서 오롯이 감내하셔야 한다.

이제 막 세상에 나온 손녀와 생애의 마침표에 다가가는 아버지 사이에 내 삶이 놓여 있다. 100년의 시간

표에서 나의 위치를 가늠해본다. 손녀가 아득한 과거라면, 아버지는 머지않은 미래다. 산술적 나이로 보아 지금의 나는 아버지 쪽에 가깝거니와, 왕성한 활동기가 지나갔다는 점에서도 그렇다. 새로운 일을 벌이기보다는 그동안 해온 일들을 잘 매듭지어야 하는 시기다. 이른바 내리막길에 접어들었다고 할 수 있는데, 늘어나는 수명에 비례해 그 거리가 자꾸만 길어진다. 길도 점점 복잡하고 험해지고 있다. 오르막길과는 달리 잘못 넘어지면 크게 다칠 수도 있다.

산행에 대해 잠시 생각해본다. 등산도 힘들지만 하산도 만만치 않다. 육체적으로는 에너지가 적게 들지만 대신 정신을 바짝 차려야 한다. 갈림길에서 헷갈리면 엉뚱한 곳으로 내려오기 십상이다. 등산길에서는 길을 잘못 들어도 정상을 바라보면서 다시 방향을 잡을 수 있다. 하지만 하산길에서는 목표 지점이 잘 보이지 않을 뿐 아니라, 아래로 내려갈수록 길이 나뭇가지처럼 퍼져 나간다. 그래서 한번 미로에 빠져들면 수습하기가 어렵다. 게다가 어둠까지 내리면 더욱 막막해진다.

인생의 하산길도 비슷하다. 아니, 더 난감하다. 언제 어디서나 초행길인데 내비게이션은커녕 지도조차 없으니 말이다. 곳곳에 세워진 안내 표지판도 낡아서 잘 보이지 않고, 잘 보인다 해도 지형이 달라져서 쓸모없는 경우가 많다. 스스로 길을 찾을 수밖에 없다. 발아래를 살피고 먼 곳을 둘러보면서 더듬더듬 내려가야 한다. 도중에 행인을 마주치면 길을 물어볼 수도 있다. 그런데 그들 역시 헤매고 있거나, 길을 잘못 알고 엉뚱한 행보를 하는 경우가 적지 않다.

이 책은 그러한 길찾기의 여정을 예감하면서 쓰였다. 나는 그동안 인간의 생애 경로와 나이 듦에 대해 많은 글을 썼고 강연도 자주 했다. 그래서 비교적 수월하게 노년을 맞이할 수 있을 거라고 믿었다. 하지만 막상 중년의 후반부로 접어드니, '나잇값'을 하기가 생각보다 훨씬 어렵다는 것을 거듭 실감하게 된다. 별것 아닌 일들에 좌충우돌하고, 비좁은 생각에 갇혀 어리석은 선택을 하기 일쑤다. 지식은 많이 쌓였지만 지혜는 너무 모자란다. "삶이 비극인 것은 우리가 너무 일찍 늙고 너무 늦게 철이 든다는 점"이라고 피에르 신부가 말했는데, 이제 그 속뜻을 알 듯하다.

이 책은 철부지 노인이 되지 않기 위해 내면을 점검하고 손질하는 수행의 결과물이라고 할 수 있다. 그것은 기성세대의 자화상을 해부하는 작업이기도 하다. 지금 한국 사회에는 후배들에게 귀감보다는 반면교사가 되는 선배들이 더 많아지는 듯하다. 그런데 비판은 쉽지만 자신이 그렇지 않은 모습이 되는 것은 어렵다. 젊었을 때 뒷담화를 하며 손가락질하던 어른들의 모습을 내가 그대로 닮아가고 있음을 문득 자각하게 된다. 나는 아랫세대에게 힘이 되기는커녕 짐이 되거나 행여 기피 인물로 여겨지지 않을까 자문하게 된다. 중년 이후 여러 단계에서 요구되는 발달 과업을 제대로 이행하지 않으면 나이가 들수록 천덕꾸러기 신세가 되기 쉽다.

나는 베이비부머 세대의 일원으로서 나이 듦의 엄

중함을 새삼스럽게 절감하게 된다. 베이비부머는 누구인가. 이들은 전쟁의 여운이 채 가시지 않았던 즈음에 태어나 보릿고개의 끝자락을 맛보면서 비약적인 경제성장의 시기에 유년기와 청년기를 통과했다. 기성세대의 권위를 부정하면서 자기들만의 정체성을 1970년대 청바지와 통기타의 대중문화로 구현했으며, 1980년대에는 젊은이의 저항의식과 패기로 민주화를 이뤄냈고 정치적 실세가 되었다. 독재정권의 탄압을 받았지만 번영의 결실을 가장 많이 누렸고, 그 절정기에 IMF 금융위기로 큰 위기를 맞았지만 일부는 정보화와 벤처 열풍의 주역으로 거듭날 수 있었다.

그런데 이들은 지금 어떤 삶의 자리에 놓여 있는가. 다가오는 미래는 무엇인가. 현역에서 물러나 노년층으로 편입되어가는 단계에서 불안한 시간을 보내는 경우가 대단히 많다. 사상 초유의 스피드로 진행되는 고령화 속에서 수명은 자꾸만 길어지는데, 그 '여생(?)'에 대한 밑그림이 좀처럼 그려지지 않는 것이다. 참고할 만한 모델도 마땅치 않다. 윗세대와 차별화된 문화를 누리며 청년기를 보냈듯이 노년기에 들어서면서도 전인미답의 길찾기를 해나가야 할 처지다. 그 모험은 설렘보다는 무거움과 침침함으로 마음을 짓누르기가 일쑤다.

노후 준비를 어떻게 할 것인가. 건강을 관리하고 경제 기반을 마련하는 것이 우선순위로 떠오른다. 그러나 그것은 필요조건일 뿐, 아픈 데 없고 돈이 궁하지 않다고 해서 행복해지는 것은 아니다. 30여 년의 세월을 무엇으로 건너야 할까. 인생 이모작의 테마가 잡히지 않으면 시간 자체가 버거운 짐이 될 수밖에 없다. 정신적인 공허함이나 무료함은 심신의 활력을 떨어뜨리면서 건강을 위협할 수도 있고, 그로 인해 경제적인 손실이 생길 수도 있다. 자신의 삶을 새롭게 창조하면서 황혼기를 맞이하는 길은 어디에 있을까. 현대사의 큰 변화를 주도해온 베이비부머는 노년의 라이프 스타일에서도 또 다른 문화를 만들어낼 수 있을까.

그것은 사적인 차원에서만의 문제가 아니다. 공공 영역에서도 마찬가지다. 한국 정치가 국민에게 희망을 주지 못하는 까닭은 내면이 황폐한 사람들이 권력을 휘두르기 때문이다. 역사의 물줄기를 바꿔내지 못한 진보 세력의 실패는 자신의 욕망과 무능을 성찰하지 못하고 편 가르기와 팬덤에만 편승한 탓이다. 건실한 정치의 토대가 되는 시민사회가 많이 위축된 것도 공신력 있는 사회적 리더들이 줄어든 것과 맞물려 있다. 이 모두 궁극적으로 인격의 부실함과 맞닿아 있다고 볼 수 있다. 지위 불안에 시달리며 허세를 좇는 행태, 자아도취와 집단 망상으로의 퇴행이 그 핵심이다. 베이비부머는 거대한 인구집단으로서 과잉 대표되는 상황이기에 기득권에 대한 성찰이 없으면 그러한 흐름에 매몰되기 쉽다. 그것은 아랫세대의 성장을 가로막는 결과로 이어진다.

경제의 성장은 비약적으로 이뤄졌지만 인간의 성장은 정체된 것이 한국 사회의 현실이다. 그것을 거울삼아 자신의 모습을 비춰보고 싶다. 그 자리에 중년을 통과하는 선후배들을 초대하고 싶다. 하산길에 들어선 기성세대가 드높은 정신으로의 향상심을 품는다면, 그 생애 자체로 뭇 마음을 품어내는 큰 그릇이 될 수 있을 것이다. 이 책은 그러한 소망을 실현하기 위해 나 자신에게 건네는 확언이기도 하다. 존재 증명의 강박을 내려놓기. 행복의 방정식 다시 세우기. 삶을 신뢰하면서 내재 역량을 키워가기. 돈과 권력이 아닌 사랑과 우정으로 연결하는 법 익히기. 원대한 세계를 꿈꾸며 소박한 일상을 빌드업하기. 언젠가 맞이하게 될 죽음을 응시하며 지금 이 순간에 깨어 있기.

그동안 여러 매체에 글을 쓰고 이렇게 책으로 엮기까지의 모든 과정은 사회학도로서 세상을 읽으면서 나 자신을 성찰하는 작업이었다. 독자 여러분이 인생의 맥을 짚어보는 데 도움이 되길 바란다. 원고를 독자 입장에서 꼼꼼하게 읽고 허술한 부분을 예리하게 짚어준 아내에게 고마움을 전한다. 또 출간을 허락해주고 변변치 않은 글을 정성스럽게 편집해준 도서출판 날에 깊은 감사를 드린다.

차
례

생애의 경로, 마음의 미로

자기를 돌보며, 서로를 보살피며

완고함이 아니라 견고함으로

지성이 깃드는 삶

생존에서 생성으로

죽음, 삶을 깨닫는 화두

생애의
경로

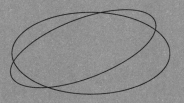

마음의
미로

정박하지도 말고,
표류하지도 말라. 오직
항해하라.
·
니체

파국

인간의 바닥이
드러날 때

초등학교 5학년 때 학교에 큰 사고가 터진 적이 있다. 우리는 매일 수업이 끝나면 교실 청소를 했는데, 톱밥이 잔뜩 섞인 쓰레기를 운동장의 구석 아래 언덕배기에 버리도록 되어 있었다. 어른용 손수레에 쓰레기를 실어다가 쏟아 붓는 일은 놀이에 가까웠다. 그런데 그날, 기현(가명)이라는 아이가 혼자서 그 일을 하다가 손잡이를 놓치고 말았다. 언덕 아래에는 우리 반 담임선생님의 사택이 있었고, 하필이면 그 딸이 마당에서 놀다가 느닷없이 굴러 내려온 손수레에 머리를 다치고 말았다. 급하게 병원으로 옮겼으나 몇 시간 후 숨을 거두었다.

학교 전체가 충격에 휩싸였다. 한 학년에 한 학급만 있는 작은 학교였기에 파장이 더욱 컸다. 수업이 이뤄질 수 없는 상황에서, 다음 날 교장 선생님이 들어오셨다. 너무 오래전이라 무슨 말씀을 하셨는지는 가물가물하지만, 딱 한 마디는 생각난다. 아이들이 청소하며 장난친 것을 질책하다가 기현이를 가리키면서 "박기현! 너는 살인마야!"라고 소리쳤다. 그때 기현이가 고개를 푹 숙이고 울먹이던 장면은 지금까지 뇌리에 선명하게 남아 있다.

순전히 실수로 사고를 낸 초등학생이 살인마로 낙인찍히다니, 많이 무서웠다. 그것은 학급 전체에게 가해진 폭언이자 저주이기도 했는데, 우리 가운데 누구라도 사고를 낼 수 있었기 때문이다. 졸업 이후 한 번도 만난 적 없는 기현이가 지금도 자꾸 떠오르는 것은 그의 상처에 나도 닿아 있기 때문이리라.

당시 지금의 내 나이쯤이었을 교장의 마음을 상상
해본다. 사고가 났을 때 어떤 감정에 휩싸였을까. 아마
도 죄의식과 두려움이었을 것이다. 아이들이 쓰레기를
위험한 비탈에 버리도록 한 것은 일차적으로 교장의
책임이다. 학생들에게 안전교육을 해준 적도 없었으니
관리 소홀임에 틀림없다. 하지만 그분은 자신의 과오
를 인정하기는커녕 모든 것을 학생들 탓으로 돌렸다.
그렇지 않아도 자책감으로 떨고 있는 아이에게 살인마
라고 삿대질했다. 그는 내 인생에서 만난 가장 비겁하
고 잔혹한 어른 가운데 한 명으로 기억된다.

　사건을 둘러싼 또 한 가지 중요한 장면이 그 뒤에 이
어진다. 딸의 장례를 치른 다음 날, 담임선생님이 교실
에 들어오셨다. 의외로 평온한 표정이셨다. 왜 그런 일
이 일어났는지를 차분하게 되짚으신 다음 평소처럼 수
업을 시작하셨다. 하지만 그 가슴속에 어떤 감정이 출
렁이고 있었을지 지금에서야 짐작이 된다.

　그리고 이 글을 쓰면서 나는 또 한 가지 사실에 새삼
놀란다. 그 선생님이 6학년 때에도 우리 반을 맡으셨다

는 것이다. 당신의 선택이었음이 분명하다. 기현이를 위해서가 아니었을까? 아이를 볼 때마다 딸이 떠올랐을 텐데도 그 응어리를 품어주고 싶었으리라. 피해자보다는 책임자의 정체성이 앞섰던 것이다. 졸업 사진에 찍힌 기현이의 밝은 낯빛은 당신께서 아이를 따스하게 보듬어주셨음을 짐작케 한다. 우리 학우들도 이후에 그 사건의 그늘에 짓눌리지 않았다.

파국은 인간의 바닥을 드러나게 한다. 학교 안에서 벌어진 대형사고 앞에서, 교장 선생님과 담임선생님은 전혀 다르게 대처하셨다. 그 상반된 모습은 크고 작은 재난이 끊이지 않는 우리 사회에서 계속 재현된다. 보신에 급급해하며 힘없는 이에게 고통을 전가하는 마음, 자신의 아픔을 딛고 일어서서 넘어진 이웃의 손을 잡아주는 마음. 두 힘은 세상 곳곳에서 줄다리기한다. 그리고 내 안에서도 종종 맞서는 듯하다. 대개 어느 편으로 기우는가. 나는 어떤 어른으로 살아가는가. 고인이 되셨을 선생님이 말을 걸어오신다. 50여 년 전의 기억은 준엄한 질문으로 되살아나고 있다.

하산

바로 지금 여기가
봉우리

올림픽과 월드컵은 지구촌의 가장 커다란 축제라고 할 수 있다. 2년에 한 번씩 번갈아가며 세계 곳곳에서 응원의 함성이 울려 퍼진다. 우리는 왜 스포츠에 열광하는가. 초인적인 기량으로 대결을 펼치는 선수들의 모습에 경외로운 긴장을 느끼기 때문이다. 오로지 실력으로만 우열을 겨루는 경기장에서 '공정함'의 표상과 인간 승리의 다양한 신화를 만나기 때문이다. 대회를 치를 때마다 감동과 눈물을 자아내는 여러 영웅이 탄생하면서 온 국민의 갈채를 받는다.

그런데 혹독한 경쟁을 뚫고 선발된 태극전사들이 올림픽 개막식에는 자랑스럽게 등장하지만, 대다수는 대회가 끝나기 전에 짐을 싸야 한다. '일등만 기억하는' 세상에서 그들의 존재감은 미미하다. 어릴 때부터 세계 최고를 꿈꾸며 운동에 올인했건만 국가대표에도 선발되지 못한 수많은 젊은이는 더욱 말할 것도 없다.

이것은 한국 사회의 한 가지 자화상으로 읽힌다. 고지를 향해 전력 질주했으나 대열에서 밀려난 이들의 운명이 점점 음울해진다. 고도성장기 시절에는 사회의 모든 분야가 확장됨에 따라 성공의 기회가 계속 늘어났지만, 수축기에 접어든 지금 실패의 위험은 점점 높아지고 낙오자들의 행렬은 한없이 길어지고 있다. 패자부활의 기회도 자꾸만 줄어드는 세상이다.

사람들은 손을 들어 가리키지 높고 뾰족한 봉우리만을 골라서 (…) 난 내가 아는 제일 높은 봉우리를 향해 오르고 있었던 거야. (…) 허나 내가 오른 곳은 그

저 고갯마루였을 뿐 길은 다시 다른 봉우리로 (…) 하
여 친구여 우리가 오를 봉우리는 바로 지금 여긴지
도 몰라

　　김민기의 곡 〈봉우리〉의 가사다. 이 노래는 1984년
LA올림픽에 출전했다가 예선에서 탈락하고 쓸쓸히
귀국하는 선수들을 위로하기 위해 작곡했다고 한다.
정상(頂上)은 지금 그대가 서 있는 바로 그곳이라고,
그러니 당신은 인생의 패배자가 아니라고 가수는 노
래한다.
　　어느 산에나 봉우리는 수없이 많이 솟아 있다. 그런
데도 우리는 맨 위에 두드러지는 몇몇 꼭대기에만 이
름을 붙인다. 그래서 고지에 대한 강박이 만연하고, 높
은 곳에 멋모르고 올랐다가 내려오는 길에 조난을 당
하는 경우도 많다. 야트막한 언덕에 올라가도 충분히
자랑스러울 수 있는 사회에서 살고 싶다. 그 언덕은 시
시해 보이거나, 아예 눈에 띄지 않을 수도 있다. 하지만
내밀한 세계에 충실한 사람들에게 그것은 위대한 우주

로 경험된다. 세간의 이목에 아랑곳하지 않고 일이나 공부나 취미를 통해 자기를 완성해가는 이들에게서 그 경지를 엿본다.

일본 규슈 지방을 여행할 때 어느 마을에서 '하산회'라는 모임을 접한 적이 있다. 등산회가 아니라 하산회라니. 실제로 산에서 내려오는 것이 아니라 중년 이후 내리막길을 잘 내려오기 위해서 공부하고 실천하는 모임이었다. 산행에서는 등산보다 하산을 할 때 사고가 훨씬 많이 일어난다. 부상을 입거나 길을 잃어 위험에 빠지는 것이다. 체력의 고갈, 목적을 이룬 후에 해이해진 마음, 시간 계산의 착오, 초조함과 심리적 패닉 등이 원인이다.

인생의 여정에서도 마찬가지다. 그런데 우리는 등산에 전력투구하느라 하산의 요령을 제대로 익히지 못했다. 이문재 시인은 이렇게 말한다.

"산정에 올랐다가 내려오지 못하면, 그것은 등산이 아니다. 조난이다. (…) 한국 사회의 가장 큰 문제는 오르막길만 있다는 것이다. 어린이와 젊은이만 있다. 올라야 할 정상만 있다. 마흔 줄에만 들어서도 곳곳에서 찬밥 신세다. 내리막길에는 안내판도 없다."[1]

하지만 이런저런 난관에 봉착하지만 않는다면 하산은 즐거운 발걸음이 될 수 있다. 눈 아래 펼쳐지는 광활한 천지를 느긋하게 조망하는 것도 산에서 내려올 때 자연스럽게 이뤄진다. 일본의 인재 육성 전문가 마쓰오 가즈야는 말한다.

"50의 나이에 성공의 욕구만큼이나 필요한 것이 바로 '좌절 면역력'이다. 크고 작은 좌절감을 무사히 치르고 소화할 능력이 이 나이에는 필요하다. 정상을 향해 숨을 헉헉대며 내달렸던 길을 뒤로 하고, 보폭에 맞춰 속도를 늦추고 여유롭게 내려가는 순간을 즐길 줄 알아야 한다. 그럴 때 인생은 초라한 내리막길이 아니라 새로운 리듬과 풍경이 펼쳐지는 소풍길이 된다."[2]

많은 이들이 저마다 최고봉에 오르겠다고 외치는 아우성을 들으면서, 조용히 자문해보게 된다. 나는 등반의 기술과 하산의 체력을 감안하지 않고 무작정 위쪽으로만 올라가려 하지 않는가. 혹시 엉뚱한 봉우리를 향해 헛걸음하고 있지는 않은가. 봉우리는 높낮이에 상관없이 모두가 존귀하기에, 저마다의 행로를 찾아가는 여정은 아름답다. 문득 고갯마루에 걸터앉아 올라온 길을 돌아보고, 옆에서 쉬고 있는 이들을 둘러본다. 무명의 봉우리 앞에 펼쳐지는 풍경을 새삼 음미한다.

정정함

은은한 정기로
세워진 기품

톰 크루즈가 영화 〈탑건〉(1986)의 속편을 내놓는다는 뉴스를 처음 접했을 때, 과연 그 배우답다는 생각을 하면서도 큰 기대는 하지 않았다. 아무리 기량이 출중하다 해도 환갑의 나이는 어쩔 수 없을 것이기 때문이다. 하지만 막상 영화를 보니 '세월 앞에 장사 없다'는 말이 무색할 만큼 외모가 건장했다. 〈탑건: 매버릭〉(2022)에서 그의 기세등등한 몸짓은 한 세대 아래의 젊은 배우들을 압도했고, 발랄하면서도 육중한 스태미나가 스크

린을 꽉 채우면서 분위기를 장악했다. 동갑내기 남자로서 위화감을 느끼게 하는 카리스마였다.

그런데 오래도록 마음에 남는 부분은 따로 있었다. 〈탑건〉에서 톰 크루즈(매버릭 역)의 라이벌인 아이스맨 역할을 맡았던 발 킬머가 깜짝 출연한 장면이다. 속편에서 그는 해군 제독이 되었다가 은퇴한 상태였는데, 매버릭에게 조언자로 나서서 결정적인 전환점을 마련해준다. 그런데 발 킬머는 후두암 진단을 받고 기관절개술을 한 이후로 말을 하기 어려운 상태라, 영화에서도 발성이 어려워 주로 컴퓨터 타이핑으로 의사소통을 하는 설정으로 나왔다. 그리고 잠깐씩 힘겹게 목소리를 내는 장면도 있었는데, 예전 음성을 재료로 AI로 재현한 것이라고 한다.

발 킬머의 복귀는 톰 크루즈의 배려와 권유 덕분에 이뤄질 수 있었다. 전편에서 핵심적인 역할이었기에 속편에서도 그의 등장은 꼭 필요한 설정이었을 것이다. 하지만 그 요청에 응하기는 쉽지 않았으리라. 여전히 패기 왕성한 동료 배우 앞에서 자신의 병약한 육신이 더욱 초라하게 비칠 것이기 때문이다. 하지만 그는 전성기 때의 모습으로 팬들에게 기억되기를 바라는 욕망을 내려놓고, 작품의 완성도를 높이기 위해 기꺼이 단역을 맡았다. 그 겸허한 용기는 톰 크루즈의 위세보다도 더욱 깊은 울림으로 다가왔다.

나이가 들어도 굳세고 건강한 사람들을 가리켜 '정정하다'고 한다. 한자를 찾아보면 '亭亭'으로서, 정자(亭子)를 가리키는 말이다. 흔히들 '젊은 남자'나 '왕성하고 씩씩함' 등을 뜻하는 장정(壯丁)의 '정(丁)' 자일 것이라고 짐작하기 쉬운데, 의외의 표현이다. 그리고 '정정(亭亭)하다'라는 말에는 '나무나 바위가 높이 솟아 우뚝하다'는 뜻도 있어서 정정함의 심오한 본질을 가늠하게 해준다. 그러니까 정정함이란, 단지 몸이 튼튼하고 기운이 팔팔한 것이 아니다. 정자처럼 사방으로 시야가 열려 있고, 안이 넉넉하게 비어 있어야 한다. 그리고 은은한 정기로 기품을 세우고 있어야 한다.

절벽, 계곡, 연못, 마당 등 다양한 곳에 서 있는 정자의 매력은 무엇인가. 한국 건축사를 연구한 박언곤 박사는 이렇게 말한다.

> 그런 정자 안에 앉아 있으면, 비록 인공의 구조물이
> 긴 해도 이미 그 인공을 초월한 대자연 속에 동화되
> 고 만다. 때로는 물과 함께 억겁의 세월 속에서 함께
> 흐르기도 하고 때로는 광활한 허공에서 거침없이 시
> 공을 초월하기도 한다. 그래서 인공의 구조물인 이
> 런 정자가 결코 자연 속에서 눈에 거슬리지 않는다.
> 거기 있는 바위, 거기 있는 소나무처럼 그저 자연스
> 럽기만 하다.[3]

젊음과 건강을 떠받드는 세상에서 나이 듦은 서글
픈 쇠락으로 체감된다. 그래서 '안티에이징'이라는 구
호가 남발되지만 자본주의 체제가 불러일으키는 집착
일 뿐이다. 톰 크루즈도 머지않아 발 킬머와 비슷한 처
지가 될 수밖에 없다.

노익장에 대한 환상, 그 덧없는 욕망에 사로잡히지
않고 삶의 무상함을 의연하게 받아들이는 노년이 되고

싶다. 문명 속에 살면서도 자연의 순리에 편안하게 복종하는 지혜를 터득하고 싶다. 프랑스의 잔 모로라는 여배우가 인터뷰를 하면서 했던 말이 종종 회자된다. 사진 기자가 자신의 얼굴을 찍으니까, 나중에 잡지에 실을 때 자기 얼굴의 주름살을 절대로 보정하지 말라고 주문했다고 한다. 이 주름살 만드는 데 수십 년이나 걸렸다고, 거기에는 자신의 역사가 담겨 있다고, 그것은 세월이 만들어준 훈장이라고 말이다. 연예인뿐 아니라 많은 이들이 조금이라도 젊어 보이고 싶어서 보톡스 시술을 하는 요즘, 노화를 있는 그대로 받아들이는 모습이 새삼스럽게 다가온다.

　나이 듦에 대한 관점과 해석이 관건이다. '에이징(aging)'에 해당하는 한국어는 '나이를 먹다'와 '나이가 들다' 두 가지가 있는데, 뉘앙스가 좀 다르다. '나이를 먹다'라고 할 때에는 '나이'가 목적어가 되고 주어가 사람이 된다. 반면에 '나이가 들다'라고 할 때에는 '나이'가 주어가 되는데, 이 표현은 어느 정도 연배가 있는 사람에게 사용한다. 왜 그럴까.

'들다'라는 단어의 다른 용례를 보자. '옷감에 물이 들었다'라는 말은 시간의 흐름과 함께 서서히 숙성되는 이미지를 담고 있다. 더 재미있는 표현은 '단풍이 들었다'이다. 사실은 단풍은 죽어가고 있는 것이다. 생명이 꺼져가면서 땅으로 떨어지는 상실의 과정이 아름다움으로 피어난다. 인간이 나이 드는 것도 그런 풍경이 될 수 있지 않을까.

자주 거니는 숲길에 단아하게 서 있는 정자가 새삼스럽게 눈에 들어온다. '세월과 함께 흐르면서도 거침없이 시공을 초월'하는 기세가 어렴풋이 느껴진다. 정정하게 산다는 것은 그러한 내공을 닦으면서 인생을 조망하는 여유가 아닐까. 우주의 질서에 자신을 맡기면서 삶을 노래하는 풍류가 거기에 있다. 일상이 곤고하게 느껴질 때, 나무 그늘의 정자에 잠시 기대어 선경(仙境) 한 자락을 음미해야겠다.

전환

변곡점을
통과하는 기술

배구나 펜싱 등 스포츠 경기에서 자주 접하는 장면이 있다. 팀이 수세에 몰릴 때 감독이 작전타임을 부르거나 비디오 판독을 요구하는데, 상대가 주도하는 경기의 맥을 끊어놓기 위함이다. 야구에서 투수가 흔들리면 포수나 투수코치가 마운드에 올라가 말을 건네는 것도 마찬가지 효과를 노린다. 그런데 그때 투수와 무슨 이야기를 나누는 것일까? 볼 배합에 대해 주로 의논하기도 하지만, 네 공을 누가 쳐? 야수들 뒀다 뭐해? 내일 이기면 돼 등등 심기일전 용기를 북돋아주기도 한다. 그런가 하면 어제 뭐 먹었어? 오늘 저녁 뭐 먹을까? 하는 등의 엉뚱한 말을 던지기도 한다.[4] 다른 쪽으로 관심을 돌려서 중압감을 해소하도록 하기 위함이다.

그러한 전략은 여러 상황에서 종종 활용된다. 예를 들어 업무 회의를 하는데 논점이 잡히지 않거나 의견 대립으로 갈등이 심해질 때, 억지로 대화를 끌고 가지 말고 짤막한 휴식 시간을 갖는 것이 좋다. '브레이크 타임'이라는 표현이 흥미롭다. 경직된 흐름을 깨뜨려서 숨통을 틔우면 의외의 실마리가 잡히기도 하고, 무거웠던 감정도 경쾌하게 바뀌는 것을 자주 경험한다. 마음의 에너지가 역동하면서 신선한 발상이 꿈틀거리고 참가자들 사이에 시너지가 생겨나는 것이다.

말하자면 분위기를 전환하는 것인데, 개인의 삶에서도 그런 쉼표를 찍어야 할 때가 있다. 옛날에는 성장기가 짧았고 인생이 단순했는데, 점점 더 많은 변수가 복잡하게 얽힌다. 진학과 졸업, 전공이나 진로의 변경, 결혼과 출산, 이혼이나 사별이나 재혼, 자녀의 독립, 취직과 이직과 퇴직… 이러한 인생의 중대한 전환기에는 마음이 차분해야 한다. 무리하게 밀어붙이는 대신 잠깐 멈춰서서 상황을 점검하고 전략을 수정해야 한다. 잘못된 방향으로 너무 멀리 나가버리면 수습하는 데 품이 많이 들기 때문이다.

고령화와 함께 사회의 변화가 빨라지고 복잡해짐에 따라, 생애 주기 곳곳에 가파른 경사나 급커브 구간들이 느닷없이 나타난다. 속도를 줄이고 도로와 주변을 세심하게 살피면서 핸들을 돌려야 하는 것이다. 특히 중년기 이후에는 매우 정밀한 전환의 기술이 요구된다. 길을 헷갈리거나 사고를 내거나 연료가 바닥나면 낭패를 본다. 특히 직선 도로를 전력 질주해왔다면 점검이 필수적이다. 이를 위해 곳곳에 주유소와 정비소와 휴게소가 마련되어야 한다. 인생의 여정에서 그것은 무엇일까.

오래전에 한 텔레비전 방송에서 본 것이 떠오른다. 미국 어느 도시의 사례인데, 지자체가 퇴직자들을 위해 개인 공간을 제공한다. 커다란 사무실에 컴퓨터가 놓인 책상들을 나란히 배치하여, 각자 배정된 장소에서 종일 지낼 수 있다. 그리고 그곳에 배치된 직원들에게 여러 가지 상담과 조언을 받을 수도 있다. 직장이 없어졌지만 매일 아침 그곳으로 '출근'하여 구직 준비나 후반 인생 설계를 할 수 있도록 지원해주는 것이다. 이용자들에게 그곳은 일종의 완충 장치라고 할 수 있겠다. 회사 인간으로서 기계적인 노동만 하다가 갑자기 사회적 위치를 상실하고 집에만 머물러야 할 때 생겨나는 정체성의 혼란과 충격을 줄여주는 매개 영역인 것이다.

이제 '워라밸'만으로는 부족하다. 일과 삶의 평면적 균형을 넘어 입체적인 순환이 필요하고, 이를 위해서는 제3의 공간이 있어야 한다. 집과 직장 및 학교 외의 장소에 편안하게 머물면서 이웃을 만날 수 있는 곳들이 지역에서 다양하게 확보되어야 한다. 그런 환경에 접속하는 일상에는 리듬이 생기고 활력이 피어난다. 단조롭고 기계적인 업무에 길들여지기 쉬운 시대에 생활의 입체감과 내재율을 북돋는 루틴은 더욱 절실하다. 타인과 의미 있게 연결될 수 있는 길들을 찾아보자. 여러 공간을 넘나들면서 마음을 리셋하고, 고요한 성찰과 너그러운 대화 속에서 우리는 미래에 대한 상상력을 확장할 수 있다.

일상의 작은 변화는 생애 전환의 기술을 익히는 토대가 된다. 가슴이 눅눅해질 때 여행으로 심신의 기운을 바꿔낼 수 있다면, 생애의 시야가 막힐 때 경로를 새롭게 탐색하는 여유로움도 체득할 수 있다. 경기가 생각대로 풀리지 않으면 타임아웃을 요청하듯, 삶의 스텝이 꼬이면 속도를 줄이고 템포를 조절해야 한다. 한 발자국 뒤로 물러나 위치와 방향을 점검하고, 여차하면 목적지를 변경할 수도 있다. 인생의 중대한 변곡점에서, 정지는 도약을 위한 준비 동작이다.

"존재를 멈추지 않고서는 어떤 생명도 한층 더 높은 차원의 존재로 승화할 수 없다." 스리랑카 출신의 인도 철학자이자 미술사가인 아난다 쿠마라스와미의 일침이다.

눈물

상처에게
말 걸기

강연장에서 퀴즈를 내어 청중의 주의를 환기할 때가 있다. 예를 들어 이런 문제다. 많으면 많을수록 잘 안 보이는 것은? 이탈리아 영화 〈인생은 아름다워〉(1997)에 나오는 질문인데, 정답은 '어둠'이다. 여기에서 어둠은 시각적 대상이 아니라 시야의 장애물이다. 이런 논리라면 안개도 답이 될 수 있겠다. 그런데 예전에 노숙인들에게 강의를 하면서 이 문제를 냈을 때, 의외의 답이 나왔다.

"눈물입니다."

눈물이 앞을 가린다는 말을 떠오르게 하는 한마디였다. 나지막한 목소리에 인생의 애절함이 배어나는 듯했다.

누구나 살면서 이따금 눈물을 흘린다. 하지만 누군가의 가슴에서는 평생 눈물이 흘러내린다. 그런 인물 가운데 한 분이 김창열 화백이라는 것을 다큐멘터리 〈물방울을 그리는 남자〉(2022)를 보면서 알게 되었다. 그가 반세기 동안 천착해온 수십만 개 물방울의 정체는 눈물이었다. 공산체제의 탄압을 피해 홀로 38선을 넘었고, 한국전쟁에서 온갖 참혹한 광경을 목격하며 그 자신도 여러 번 죽을 고비를 넘겼다. 비명과 기도를 넘나드는 절박함이 그의 눈물에 담겨 있다.

"저는 일제 말엽까지는 이북에서 살았습니다. 8·15 해방 후에는 이북에서 야밤에 단신으로 38선을 넘을 수밖에 없었고, 대학 3학년 때는 6·25가 터졌습니다. 많은 죽음을 보았습니다. 같이 행군하던 전우들 여럿이 한꺼번에 옆에서 폭사하는 것도 보았고, 총알이 귓가를 스치는 일도 여러 번 겪었습니다. 그런데도 저는 죽지 못했습니다. 또는 죽지 않았습니다."

김 화백은 전쟁의 외상을 스스로 치유하면서 죽은 자들의 영혼을 위로하기 위해 작업한다고 고백한다. '물방울을 그리는 건 모든 기억을 지우기 위한 것이다. 나는 모든 악과 불안을 물로 지우는 거다.' 그러니까 그의 물방울은 고통의 심연에서 스며나오는 분비물이자, 상흔을 씻어내는 정화수였던 셈이다. 살아남은 자로서 한순간도 삶을 낭비할 수 없다는 소명의식으로 쉬지 않고 세례를 행하며 진혼곡을 불러온 것이다. 그의 회화에서 물방울은 구상과 추상의 구분을 넘어선 신비의 오브제라고 할 수 있다.

이 다큐멘터리는 부자 간의 문답 형식으로 구성되어 있다. 기획, 촬영, 편집을 모두 진행한 김오안 감독은 김 화백의 차남으로, 아버지의 작품세계와 그 바탕에 깔려 있는 생애사를 정밀하게 탐구한다. 자라나면서 가장 힘든 것은 아버지의 침묵이었다고, 그 속에는 '드러나지도 사라지지도 않는' 무엇이 깃들어 있다고 말한다. 그 내밀한 어둠을 추적하다가 역사를 만나게 되었다. 오직 물방울에만 매달리는 아버지를 가리켜 '피를 순수한 물의 원형으로 변형시키는 연금술사'라고 그는 말한다. 영화의 제목을 '물방울을 그리는 화가'가 아니라 '물방울을 그리는 남자'로 붙인 것도 잔혹한 역사의 얼룩을 닦아내는 수행자의 모습을 비추고자 했기 때문이 아닌가 싶다.

부모의 상처가 자녀의 운명이 되기 일쑤인 세상에서 이 영화는 그런 악순환의 고리를 어떻게 끊어낼지를 시사해준다. 우선 김 화백은 자신의 트라우마를 예술로 형상화하고 승화시킴으로써 폭력으로 치닫지 않을 수 있었다. 이른바 '외상 후 성장'이 이뤄진 셈이다 (심리 치료사였던 프랑스인 아내의 도움도 컸을 것이라 짐작된다). 그리고 아들은 선뜻 다가가기 어려운 존재였던 아버지에게 어색한 간격을 넘어 말 걸기를 시도한다. 마침내 아버지의 거대한 슬픔을 마주하면서 삶과 죽음의 기묘한 맞물림을 깨닫게 된다.

많은 사람이 시대와의 불화 혹은 균열을 느끼는 세

상에서 삶이 붕괴되지 않도록 붙들어주는 버팀목이 절실하다. 상처는 분노의 파편이 되기 쉽지만 서로를 잇는 통로가 되기도 한다. 앞세대의 고통은 다음 세대에게 더 나은 세상의 씨앗이 될 수 있다. 그런 연금술을 어떻게 펼칠 수 있을까. 영롱한 마음은 어디에서 흘러나오는가. 〈물방울을 그리는 남자〉는 시적인 영상으로 연민의 고요한 힘을 일깨워준다. "모든 슬픔이 내 안에서 익어가게 하소서"라는 산티 데바의 기도가 떠오른다.

스토리텔링

자기 해방의
서사

어느 노인복지관의 실무자에게서 들은 이야기다. 시설 이용자 가운데 유난히 심성이 거칠어서 다른 사람들과 끊임없이 갈등을 일으키고, 직원들에게도 종종 언어폭력을 행사하는 어르신이 계셨다. 여럿이 나서서 만류하거나 달래보았지만 막무가내였다. 그런데 어느 때부터인가 그분이 바뀌기 시작했다. 소란을 피우는 빈도가 크게 줄었고, 정도도 많이 약해졌다. 웬일인가 하고 살펴보았더니, 어르신은 얼마 전부터 복지관의 연극

동아리에 가입해서 활동하고 있었다고 한다. 전혀 다른 방식으로 자기를 드러내는 즐거움에 몰입하면서 언행이 부드러워진 것이다.

사람들은 왜 타인에게 거칠어지는 것일까. 미국의 교육사상가이자 사회운동가인 파커 파머는 폭력에 대해 다음과 같이 말한다.

> 인간에게 기쁨만이 아니라 고통도 따라다니기 때문에 드리는 말씀인데, 이것을 꼭 기억해주십시오. **폭력은 고통을 다루는 다른 방법을 알지 못할 때 생기는 것입니다.** 때로 우리는 그 폭력을 자신에게 가하기도 하죠. 탈진으로 이어지는 과로나 여러 가지 형태의 약물 남용이 그것입니다. 때로 우리는 그 폭력을 다른 사람들에게 행사합니다. 인종주의, 성차별주의 그리고 외국인 혐오는 타인들에 대한 우월성을 주장함으로써 고통을 줄이려는 사람들에게서 종종 나타납니다.[5]

그렇다면 고통을 어떻게 다루어야 폭력으로 치닫지 않을까. 한 가지 효과적인 해법은 경험을 형상화하는 것이다. 그림이나 몸짓으로 감정을 표현할 수도 있고, 글쓰기도 좋은 방법이다. 가장 간단한 방법은 그냥 말로 풀어내는 것이다. 하다못해 술을 마시면서 괴로움을 털어놓기만 해도 난폭한 기운이 많이 누그러진다. 물론 술은 촉매제일 뿐이고, 그것에만 의존하면 중독에 빠지기 쉽다.

　　응어리를 건강하게 풀어내기 위한 핵심 요건은 말상대의 존재다. 가슴을 열고 경청해주는 누군가가 있어야 한다. 맞장구도 쳐주고 추임새도 넣으면서 화자(話者)에게 힘을 실어주면 자연스럽게 해소와 치유가 일어난다. 그런데 울분의 배설에 그치지 않고 감정의 승화로 나아갈 수 있으면 더 좋겠다. 상황을 객관화하면서 자기를 성찰하고 경험에 의미를 부여하는 스토리텔링의 장(場)이 마련되어야 한다. 거기에서 다양하게 빚어지는 삶의 서사는 마음의 힘을 키워주는 자양분이 된다.

049

2022년에 인기를 모았던 드라마 〈나의 해방일지〉에서는 타인이나 조직의 과도한 간섭을 싫어하고 세상에 대해 다소 냉소적인 직장인 세 명이 '해방 클럽'이라는 사내 동호회를 결성한다. 그들은 각자 걸어온 생애의 여정을 돌아보고 지금의 일상을 둘러보면서 떠오르는 느낌과 생각을 틈틈이 기록한다. 그리고 정기적으로 모여 앉아 그 일지를 펼쳐놓고 이야기를 나눈다. 주변 사람들과의 관계를 늘 버거워해온 멤버들은 그 클럽에서 언어를 회복하면서 해방의 실마리를 찾아간다. 자신이 무엇 때문에 힘겨워하는지를 짚어내고, 가슴을 짓누르는 부정적 감정들을 덜어낸다.

그 모임에서 대화를 할 때는 한 가지 원칙이 있는데, 조언과 위로를 하지 않는 것이다. 정서적인 경계를 존중하면서, 저마다 난관을 뚫고 나가는 모습을 지지하고 새로운 자아의 탄생을 묵묵히 응원할 뿐이다. 이를 위해서 각자 내면의 목소리에 온전하게 귀 기울이고 그것을 안전하게 꺼내놓을 수 있는 장을 만들어낸다.

언어가 억압의 도구로 작용하기 쉬운 세상이다. 지

위나 나이 등의 위치 에너지에 편승해 비난과 폭언을
내뱉는 경우도 흔하다. 그 결과 타인으로부터 소외되
고 아집과 독단의 감옥에 스스로 갇혀버린다. 탈출은
가능한가. 서로의 맥락을 교차시키면서 이야기를 확장
하는 공간이 열려야 한다. 구태의연한 허위에서 벗어
나 존재 그 자체를 '추앙'하는 관계, 투명한 문법의 서
사를 통해 우리는 좀 더 의연해질 수 있을 것이다.

생애의 경로, 마음의 미로

연민

고통을 감싸 안는
너그러움

정장 차림의 말쑥한 두 노인이 지하철 안에서 싸움이
붙었다. 서로 멱살을 잡고 주먹을 날릴 태세다. 일단 말
리고 나서 이야기를 들어보니 자리를 둘러싼 다툼이었
다. 한 노인이 임산부석에 앉아 있었는데, 다른 노인이
왜 거기에 앉아 있느냐고 한마디 한 것이 발단이었다.
그러자 앉아 있던 노인은 임산부가 오면 비켜줄 텐데
웬 참견이냐며 맞받았고, 이에 서 있던 노인은 원칙을
내세우며 질책했다. 그렇게 옥신각신하다가 감정이 격

해지면서 주먹다짐으로 번진 것이다. 나는 곧바로 끼어들어 두 사람을 떼어놓고 사태를 진정시켰다.

지하철에서는 모르는 사람들 사이에 가끔 시비가 붙는다. 불특정 다수의 사람들이 타고 내리는 이동 공간으로서 인구 밀도와 접촉 빈도가 높기 때문이다. 그리고 이용자 가운데는 고단하게 살아가는 시민들이 많다. 짜증나는 일상에 쫓기며 움직이다 보면 사소한 부딪힘이 큰 싸움으로 비화되기 쉽다. 제어되지 않은 폭력이 돌이킬 수 없는 사태로 이어지는 경우도 있다. 누군가가 말릴 수 있다면 좋겠는데 선뜻 나서기가 어렵다.

예전에 지하철역 플랫폼에서 난동을 부리는 취객을 '포옹'으로 진정시킨 청년의 모습이 유튜브에 올라와 큰 반향을 일으킨 적이 있다. 술에 취해 발음도 어눌해진 남성은 누군가를 향해 울분에 찬 목소리를 높이고 있었다. 경찰 두 명이 제지해도 아랑곳하지 않고 계속 고함을 지른다. 그때 뒤쪽 의자에 앉아 있던 어떤 청년이 불쑥 다가가 남성을 온몸으로 껴안고 구석으로 밀

053

고 간다. 그러자 거칠었던 몸짓과 언성이 수그러들면서 울음을 터뜨린다. 마치 설움에 복받치다가 엄마 품에 안긴 어린아이처럼.

영상을 보면서 내가 지하철에서 겪었던 또 다른 일이 떠올랐다. 어느 날 차에 오르니 약간 술에 취한 남자가 서서, 바로 앞에 앉아 있는 어떤 여성에게 시비를 걸며 욕을 해대고 있었다. 처음에 어떻게 시비가 붙었는지는 모르지만 남자는 무척 자존심이 상한 듯했다. 여성은 애써 무시하려다가 상대방이 너무 심한 말로 공격하자 몇 마디 대꾸를 했다. 그러자 남자는 더욱 심한 욕설을 퍼부었다. 그대로 두었다가는 사태가 심각해질 것 같았다.

나는 남자에게 다가가 말을 걸면서 다른 쪽으로 함께 자리를 옮겼다. 무슨 일로 그러시는지 간단하게 묻고 나서, 지금 어디에 다녀오시냐는 질문으로 주의를 전환시켰다. 그러자 그의 하소연이 시작되었다. 막노동으로 근근이 생계를 이어가는 고달픈 나날에 대해 푸념을 쏟아냈다. 그날도 일터에서 윗사람한테 부당한 대접을 받고 화가 난 채로 귀가하는 길이라고 했다. 그렇게 10분 이상 차분하게 말을 이어가는 그에게서 조금 전 격분하던 모습은 찾아볼 수 없었다. 그리고 하차하면서 내게 고맙다는 인사를 건넸다.

익명의 도시 공간에서 행인들 사이에 다툼이 생길 때 주변 사람들은 방관자로 머물기 일쑤다. 어설프게 끼어들면 자기도 말려들어 봉변을 당할 수도 있기 때문이다. 하지만 위험 부담이 크지 않은 선에서 개입이 필요한데, 내 관찰과 경험에 비춰 볼 때 타이밍이 중요하다. 걷잡을 수 없는 지경으로 악화되기 전에 개입해 흥분을 가라앉히고 두 사람을 떼어놓아야 한다. 사실 당사자들도 누군가가 나서서 말려주기를 바라는 경우가 많다. 험한 말로 상대방을 위협하지만 먼저 때릴 수는 없고, 그렇다고 먼저 물러설 수도 없기 때문이다.

갈등은 거의 다 별것 아닌 일에서 촉발된다. 분노의 저변에는 각자 오랜 세월 축적해온 온갖 부정적 감정이 깔려 있다. 서글픔, 외로움, 자괴감, 수치심, 모멸감, 불안…. 그 응어리가 느닷없는 공격성으로 표출될 때,

유튜브에 등장한 용기 있는 청년처럼 연민의 손길을 내밀어보자. 시시비비를 가리는 대신 상대방을 측은지심으로 끌어안는 것이다. 고통을 품어주는 이웃의 눈길 덕분에 분노한 자신과 화해하는 틈이 열릴 수 있다. 타인의 괴로움에 동참하는 시민들의 용기로 우리의 삶터는 조금 더 안온해질 수 있다.

자기를
돌보며

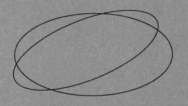

서로를
보살피며

모든 것은 흔적을
남긴다. 알게 모르게
우리의 모습을 만든다.
•
괴테

응시

나는 당신을
봅니다

병원 응급실은 늘 긴박함이 흐르는 공간이다. 심장마비나 뇌졸중으로 의식을 잃고 실려 온 사람부터 교통사고를 당해 목숨이 위태로운 사람에 이르기까지 일분일초가 다급한 환자들이 연달아 밀려들 때도 있다. 의료진이 아무리 열심히 대응해도 일손이 부족하다. 어쩔 수 없이 덜 위급한 환자들은 뒷순위로 밀리게 되는데, 그렇게 되면 여기저기에서 불만이 터진다. 자신이 먼저 병원에 도착했는데 외면당하고 있다고 원성을 높인다. 그런 환자들을 적절하게 응대하는 것도 응급실 의료진이 갖춰야 할 중요한 역량이다.

이대목동병원 응급의학과 남궁인 교수는 응급실의 경험을 담은 《지독한 하루》라는 책에서 그 상황에 대처하는 한 가지 비법을 소개한다. 화를 내는 환자의 이마에 가만히 손을 올리는 것이다. 의사로서 환자의 열을 재는 자연스러운 행동이지만, 목적은 마음을 진정시키는 것이다. 말로 달래는 대신 눈을 지긋이 바라보면서 이마에 손을 얹으면, 거의 모두 분노가 누그러진다고 한다.

나는 하루에도 수차례 누워 있는 환자에게 다가가야 한다. 일단 환자 가까이에서 눈빛을 교환하고 나면, 그 환자가 오래 기다린 탓에 힘겨워하고 있다거나, 뒤늦게 나타난 내게 억하심정을 호소하고 싶어 한다는 것을 느낄 수 있다. 그러면 나는 습관처럼 환자에게 다가가 이마에 깊게 푹, 손바닥을 얹는다. (…) 방금 체온을 나누어 가진 사람을 미워할 수 있을까. 지금 자신의 이마에 손을 얹은 채 온기를 나누어 받고 있는 사람을 이해하지 못할 수 있을까. 나는 대화를 이어가며 그들의 표정이 안온해지는 광경을 본다.[6]

응시의 깊은 힘을 실감하게 되는 장면이다. 다급한 환자가 가득한 상황에서 의사가 잠시 눈길을 멈추어 접속하는 마음은 각별한 느낌으로 다가올 것이다. 그러한 시선은 일상에서도 때때로 경험할 수 있으리라.

I see you. 영화 〈아바타: 물의 길〉(2022)을 통해 널리 알려진 인사말이다. 아프리카 줄루족의 '사우보나'라는 인사말에서 유래한 것으로, 그러면 상대방은 '응기코나'(예, 나도 당신을 봅니다)라고 화답한다고 한다. 그런데 '당신을 본다'라는 말은 인사말치고 다소 싱거운 느낌이 든다. 안부를 묻거나 '좋은 날!'이라며 축복을 건네는 것에 비해 메시지가 너무 빈약하다. 서로 보고 있다는 것은 뻔한 사실 아닌가. 그런데도 몸짓에 대한 단순한 진술이 인사가 되는 것은 그 안에 숨은 뜻이 있기 때문이리라.

190

영어에서 'I see'라는 표현을 생각해보자. 대화 중 그 말은 '나는 본다'가 아니라, '알았어' '아하, 그렇구나' 같은 의미다. 몰랐던 것을 새롭게 알게 되었을 때 나오는 말이다. 그에 대비되는 말이 'I know'로, '나도 알아'라는 뜻이다. 상대방이 어떤 이야기를 할 때 그렇게 반응하면 대화가 썰렁해질 수도 있다. 상대방이 어떤 화제를 꺼냈는데 자기는 이미 알고 있다면서 찬물을 끼얹은 듯한 분위기가 되는 것이다. 내밀한 속마음을 어렵게 털어놓은 경우라면 더더욱 마음의 문이 닫혀버리기 쉽다. 자기 식대로 대충 흘려듣고 넘겨짚는 것처럼 느껴지기 때문이다.

그런 의미에서 'I see you'는, 이미 알고 있는 사이지만 지금 이 순간 상대방을 새롭게 발견한다는 뉘앙스를 담고 있다. 굳이 속뜻을 풀이하자면, '아, 당신이군요!' 정도가 될 것이다. 좋아하는 지인을 오랜만에 만났을 때 우리는 환하게 웃으면서 '와, 이게 누구야?'라고 반색한다. 누구인지 정확하게 알고 있지만, 너무 반가워서 반어적으로 표현하는 것이다.

'I see you'는 존재에 대한 경이로움을 드러낸다. 그냥 응시하는 것만으로도 환대가 이뤄진다. 그런 상호작용이 이뤄지는 전형적인 상황이 갓난아기를 볼 때다. 양육자는 아이를 바라보며 '있는 모습 그대로' 맞아들인다. 거기에는 무조건적인 신뢰와 사랑이 깃들어 있다. 아무 말이 오가지 않아도 눈빛과 표정만으로 온전한 수용이 이뤄진다. 이때 눈으로 보는 행위는 단순히 대상을 시각적으로 인지하는 것 이상의 의미를 지닌다. 상대에 대한 깊고 넓은 관심이 거기에 깔려 있다.

'돌봄'이라는 말에서도 그런 의미를 읽을 수 있다. '집에 가서 애나 봐라'라는 말을 가끔 듣는데, 돌봄을 하찮게 여기는 망언이다. '아이를 돌본다'는 것은 그냥 눈으로 보는 것이 아니라, 아이의 심신을 살피고 안위를 챙기며 필요를 채워주는 것이다. '우리 아이 좀 잠깐 봐줘'라고 부탁받았다면, 아이가 위험한 곳으로 다가가는 것을 그냥 '보고'만 있지 않는다. 마치 '내 가방 좀 잠깐 봐줘'라고 부탁받으면 다른 사람이 그 가방을 집어 가는 것을 '보고'만 있지 않는 것과 마찬가지다.

동아시아 최초의 교황청 대법원 변호사이자《라틴어 수업》의 저자인 한동일 박사는《믿는 인간에 대하여》라는 책에서, 보는 행위의 속뜻을 다음과 같이 풀이한다.

우리말에서 '시장을 보다' '예배를 보다'라는 말은 그저 '구경꾼으로서 본다'라는 의미가 아닙니다. 장을 보러 간다고 할 때 그저 시장을 둘러보고만 오지 않는 것과 같습니다. 직장생활에서 누군가가 한 사원에게 '현장의 일손이 부족한 것 같은데 아무개 씨가 한번 가봐요'라고 말했을 때, 그 말의 의도는 그 현장을 단순히 '관찰'하고 오라는 뜻이 아닙니다. 우두커니 보기만 하지 말고 가서 몸을 움직여 실질적인 도움을 주라는 말입니다. '보다'는 생각보다 훨씬 역동적이고 능동적이며 열려 있는 동사입니다. 이 사실을 염두에 두면, 바라보는 것에서 그치지 않고 그다음 어떻게 행동해야 하는지 우리 스스로 알 수 있지 않을까요?[7]

그러니까 '본다'는 것은 대상에 깊은 주의를 기울이는 것을 의미한다. 'I see you'라는 인사말에도 그런 뉘앙스가 깔려 있다. 상대방 안에 깃든 영혼을 바라보는 시선도 암시된다. 인도의 '나마스떼'라는 인사말과도 일맥상통하는데, 이런 메시지가 담겨 있다고 한다.

'나는 온 우주가 거하는 당신 내면의 장소에 절합니다. 빛과 사랑, 진리와 평화, 그리고 지혜를 지닌 당신에게 경의를 표합니다.'

너와 나 속에 거하는 신성함을 느낄 때 우리는 서로의 시선을 교차하면서 마음을 연결할 수 있다. 나는 누구를 그런 눈길로 바라보는가. 누가 나를 그렇게 응시하는가. 우리는 서로 어떻게 연결되고 있는가.

공동체

.

재난을 다스리는
터전

구로사와 아키라 감독의 영화 〈천국과 지옥〉(1963)은
어린아이의 유괴 사건을 둘러싸고 이야기가 전개된다.
검거된 범인이 조사 과정에서 밝힌 동기는 단순했다.
궁색한 집에서 더위에 시달리다가, 에어컨을 켜고 사
는 언덕 위 부잣집에 대한 원망이 일어나 범행한 것이
다. 불쾌지수가 높아지면 공격성이 늘어난다. 한국의
범죄 통계를 봐도 7, 8월에 가장 높게 나타난다. 이제
더위는 생활 안전의 변수 가운데 하나가 된 것이다.

현재 웬만한 공공장소의 실내 공간에는 에어컨이 잘 갖춰져 있지만, 사적 공간에서는 냉방의 빈부차가 크다. 온열 질환 사망자는 저소득층이 20퍼센트가량 높은 것으로 나타난다. 외국도 비슷하다. 1995년에 일주일 동안 700명 이상의 사망자를 낸 시카고 폭염 사태를 사회학적으로 분석한 에릭 클라이넨버그의 《폭염 사회》[8]에 따르면, 폭염 사망자의 분포를 지도로 작성하고 보니 인종차별 및 불평등의 지형도와 대부분 일치했다. 열악한 주거시설 때문만이 아니다. 산업이 붕괴해 지역이 황폐해지고 범죄가 늘어나니까 무서워서 집 안에만 갇혀 지내다가 변을 당하는 경우가 많았다. 자연재해가 사회경제적 구조에 의해서 증폭된 것이다.

무더위는 신체를 매개로 가난한 사람들의 고립을 가중시키기도 한다. 영화 〈기생충〉(2019)은 부자와 빈자를 가르는 후각 코드에 모티프를 두고 있다. 주인공 가족은 신분과 외모를 완벽하게 세탁해 부유한 집에 위장 취업하지만, 가난의 냄새만큼은 제거하지 못한

067

다. 햇빛과 바람이 들지 않는 반지하의 음습한 공간에 살면서 몸에 배어버린 냄새로 인해 혐오와 경멸의 대상이 된다. 현실에서도 얼마든지 있을 수 있는 그런 상황은 날씨가 더울수록 더 쉽게 벌어진다. 영화의 배경도 여름이다.

부자와 빈자 사이만 단절되는 게 아니다. 더위가 심하면 가까이에 있는 사람들이 귀찮게만 느껴진다. 고(故) 신영복 선생님은 감옥의 경험을 생생하게 전해준 바 있다. 감방에서는 옆 사람의 체온으로 추위를 견디는 겨울과 달리 여름에는 상대방을 증오하게 된다는 것, 아무도 잘못한 것이 없는데 그냥 존재 자체로 인해 서로를 미워하면서 동시에 자기혐오에 빠지게 된다는 것이다. 비좁은 공간에 따닥따닥 붙어사는 애옥살이에서도 비슷한 곤경에 놓일 수 있다. 타인뿐 아니라 스스로에 대해서도 짜증이 올라오는 것이다.

이렇듯 더위는 건강뿐 아니라 자존감에도 심각한 영향을 줄 수 있다. 다행히 빈곤층 가구에 전기료 혜택을 주거나 독거 어르신들에게 냉방기를 보급하는 등 여러 폭염 대책이 마련된다. 에너지 빈곤층을 줄이려는 이런 정책은 한정된 전기 자원의 소비를 면밀하게 재조정하는 작업과 병행될 수밖에 없다. 지하철이나 도서관 같은 공공장소 그리고 대형 마트 등에 적정 온도를 정해서 낭비를 줄여야 한다.

에너지 공급만이 전부가 아니다. 일상의 얼개를 리모델링하면서 사람과 사람 사이의 효과적인 연결망을 구축할 필요가 있다. 예를 들어 일부 공공건물을 쉼터로 개방하는 정책이 널리 실시되는데, 단순한 피신을 넘어 교류를 촉진하면 더 좋겠다. 시카고의 경우에도 이웃관계가 살아 있는 빈민가에서는 폭염 사망자가 아주 적었다. 그러므로 지역 곳곳에 활기찬 공공장소를 다양하게 만들어내고, 거기에서 심신의 환기가 일어나는 분위기나 프로그램을 제공하는 것이 무엇보다 중요하다.

여름은 땀의 계절이다. 땀은 신체의 순환을 도모하는 분비물이다. 균형 잡힌 생활, 정직한 노동의 징표다. 하지만 '패스트'와 '인스턴트'를 숭상하는 문명은 땀을 경멸한다. 그럴수록 인간의 체온 조절 능력은 퇴화한다. 지금 지구는 인류라는 기생충에게 거부 반응을 보이면서 발열(發熱)하고 있다. 더위를 거부할수록 여름이 더욱 뜨거워지는(에어컨 실외기가 내뿜는 열기로 인해 도시의 온도가 올라가고, 장기적으로는 에너지 소비에 따른 탄소 배출로 인해 지구온난화가 진행되는) 악순환을 줄이려면, 냉방기에 길들여진 몸, 편리함에 중독된 습관을 바꿔야 한다.

폭염은 사회적인 차원에서 대응해야 할 재난이다. 우리의 안락함은 지속 가능한가. 인간의 존엄은 무엇으로 지켜지는가. 취약한 삶을 서로 돌보는 가운데 더위를 다스리는 공동체의 기술도 향상된다. 나무 그늘의 호젓함을 만끽하며 드넓은 바람을 호흡하는 가슴이 열린다.

경로

늙음을
경외한다는 것

지하철 경로석 쪽에서 할아버지 한 분이 목청을 높인다. 자리를 양보하지 않는다고 누군가를 혼내고 있는데, 젊은이가 아니라 어느 할머니를 향한 것이었다. 앞에 서 있는 더 나이 든 노인에게 자리를 비켜주라는 것이다. 앉아 계시던 할머니는 어이없어하면서 한마디 한다.

"나도 나이가 칠십이유."

할아버지는 또다시 역정을 낸다.

자기를 돌보며, 서로를 보살피며

"칠십이든 팔십이든, 자기보다 나이가 많은 사람이 서 있으면 자리를 양보해야지!"

지하철 탑승자 가운데 고령자의 비율은 전체 인구의 고령자 비율보다 약간 더 높다. 노인들은 활동이 많지 않아 교통의 수요가 적고, 신체적인 제약으로 지하철에 접근하기 어렵거나 아예 거동을 못 하는 경우도 많다. 그런데도 탑승자 비율이 그렇게 높은 것은 무료이기 때문이리라. 집은 답답하고 마땅히 갈 곳도 없는 노인들에게 지하철은 고마운 공간이다. 익명성이 보장되고, 이곳저곳 돌아다니며 무료함을 달랠 수 있다. 어르신들에게 지하철은 말하자면 '모바일 쉼터'다. 노인들이 집 밖에서 머물 곳이 그렇게도 부족한가.

하드웨어는 꾸준하게 공급된다. 그 가운데 하나가 경로당인데, 지금 전국에 6만 8천 곳 정도가 운영되고 있다. 노인 인구 1,000만 명에 육박하는 시대에 비하면 많이 부족한 규모라고 할 수도 있다. 그런데 현장을 보면 이야기가 달라진다. 경로당 이용자가 점점 줄어들고 있다. '젊은' 노인들이 들어오지 않고 있기 때문이다. 경로당의 고령화, 전국 어디나 비슷하게 나타나는 현상이다. 왜 그렇게 되었을까.

경로당은 다른 시설과 달리 상주 직원 없이 이용자들이 자율적으로 운영하는 시설이다. 그래서 몇몇 사람이 '텃세'를 부리면 새로운 사람들이 섞여들기 어렵다. 그 권력은 나이를 기준으로도 작동해서, 이용자들 사이에 위계서열이 생긴다. 그래서 70대 노인도 경로당에서는 막둥이 취급을 받으며 '어르신'들을 모셔야 한다. 편안하게 쉬러 갔는데 '형들'이 허드렛일을 떠넘기니 발길을 끊게 된다. 텔레비전 시청이나 화투 등으로 소일하는 분위기, 노래 교실이나 웃음 체조처럼 판에 박은 듯한 프로그램이 싫어서 안 간다는 이야기도 자주 듣는다.

경로석은 모자라고, 경로당은 한산하다. 두 현상은 맞물려 있다. 노인들이 동네에서 친구를 맺고 즐거운 일상을 꾸려갈 수 있어야 한다. 그런 만남과 어울림은 어떻게 가능할까. 몇 해 전부터 '개방형 경로당'이라는 개념으로 지역사회와의 접점이 다양하게 모색되고 있다. 여러 연령대의 주민들이 교류하는 사랑방으로 변신하려는 것이다. 예를 들어 어린이집 아이들이 경로당에 와서 전래 놀이를 배우고, 동네 텃밭에 나가 함께 작물을 가꾼다. 고등학생들이 어르신들을 위한 프로그램을 기획하고 운영하는 사례도 있다.

머지않아 노년층으로 접어드는 베이비부머 세대가 꾸려갈 경로당은 어떤 모습일까. 윗세대에 비해 학력도 높고 자아실현의 욕망도 강한 그들은 '뒷방 늙은이'로 여겨지기를 거부한다. 그 에너지가 꼰대질이나 허세가 아니라 미지의 세계에 대한 도전으로 발현되면 좋겠다. 매력적으로 펼쳐지는 노년, 경로당은 그 거점이 될 수 있다.

경로(敬老). 노인을 공경하는 태도를 말한다. 그런데 노인끼리만 모여 있는 곳에서는 경로의 주체가 모호하다. 모두 대접만 받고 싶어 하니 관계가 경직된다. 서로의 원기를 북돋는 가운데 그동안 집과 일터에서 드러나지 않았던 잠재력을 일깨울 수 있는 커뮤니티가 절실하다. 어르신들의 생애 경험이 공동의 소프트웨어로 축적되고, 세대를 넘어 문화의 발효가 일어나는 경로당을 상상해본다. 그곳에서 우리는 자신의 궁극적인 운명인 늙음을 경외할 수 있다.

혐로

노년의 위엄을
세우려면

조선 시대의 초상화들을 보면 한 가지 공통점을 발견하게 된다. 한결같이 나이 든 얼굴이라는 것이다. 왜 젊은 시절에는 초상화를 그리지 않았을까? 젊은이는 인간으로서 미완성 상태라고 보았기 때문이다. 우리 말에 '점잖다'라는 말이 있다. 사전을 찾아보면 '품격이 속되지 않고 고상하다'는 의미로 풀이되어 있는데, 이 말은 '젊지 않다'에서 온 것이라고 한다. 사람은 나이가 좀 들어야 안정된 인격과 태도를 지니게 된다는 뜻이 내포되어 있다.

이와 연관된 흥미로운 사실 하나가 있다. 조선 시대 남자들이 시달렸던 콤플렉스 가운데 하나가 수염인데, 수염이 얼굴 아래쪽에 골고루 곱게 자라나 있지 않으면 열등감을 느꼈다고 한다. 그런 기준에서는 아무래도 나이가 들수록 유리할 듯하다. 노인의 수염은 주름진 얼굴과 어우러지면서 훨씬 기품 있어 보이기 때문이다.

현대 사회에서 노인은 예전만큼 고상하게 여겨지지 못한다. 오히려 세상의 가장자리로 내몰린 모습이 연상될 때가 더 많다. 빈센트 반 고흐의 〈슬퍼하는 노인〉이 그런 이미지를 잘 담아내고 있다. 그림 속 노인은 얼굴을 감싸고 있어서 표정이 보이지 않지만, 견딜 수 없는 괴로움에 시달리고 있음을 몸짓을 통해 짐작할 수 있다. 오래전에 그려진 작품이지만 지금 시대 노인의 자화상으로도 다가온다. "나이 들어간다는 것은 자기가 저지르지도 않은 범죄 때문에 점점 더 많은 처벌을 받는 것과도 같다"는 영국 작가 앤서니 파월의 말처럼,

많은 노인이 늙어가는 데서 오는 곤경을 버거워한다.

지금 시대에 노인은 나이가 들수록 점점 불행해진다고 느끼면서 엄청난 두려움에 시달린다. 거기에는 우리 시대 노인이 처한 상황이 맞물려 있다. 그것을 요약하는 몇 가지 키워드를 보자. 노후 파산, 무전 장수(돈 없이 오래 산다), 유병 장수(병든 채 오래 산다), 무위 장수(할 일 없이 오래 산다) 등등의 말은 경제력, 건강, 일 등에서 노후의 리스크가 점점 커지는 세태를 반영하고 있다.

두려움을 자아내는 또 하나의 중대한 요인은 노인에 대한 사회적 인식이다. '노인'이라고 하면 어떤 단어가 연상되는가? 노욕, 노회, 짐, 퇴물, 퇴화, 퇴행, 위축, 괴짜, 고집, 심술, 구두쇠 등 부정적인 단어가 많이 나온다. 요즘에는 더 나아가 노인을 극도로 혐오하는 표현도 많다. 틀딱, 노슬아치, 할매미, 연금충… 이른바 '혐로(嫌老) 사회'의 단적인 징후다. 그것은 노인의 자기혐오로 이어지기 쉽다.

그런 현상과 맞물려 있는 것이 '안티에이징' 풍조다. 나이를 거슬러 외모를 유지하거나 바꾸는 산업은 엄청난 규모로 성장하고 있다. 젊음을 맹목적으로 추앙하도록 만드는 소비자본주의 시대에 나이 듦은 거부해야 할 대상으로 여겨진다. 더 나아가 노인이 된다는 것은 두렵기까지 하다. 이른바 '노화공포증(gerascophobia)'이 만연한다. 그것은 자신의 미래를 애써 외면하는 처사이기도 하다. 누구도 피할 수 없는 노화를 평가절하하는 풍조는 초고령사회에서 불행을 자초한다.

그러한 환경에서는 노인의 인권이 쉽게 망각되고 침해된다. 노인이 살기 좋은 세상을 만드는 것은 곧 자신의 미래를 준비하는 작업이기도 한데, 늙음이라는 변화를 자신의 존재의 일부로 받아들이지 않기에 외면하고 무시하거나 기껏해야 사회적 약자에 대한 배려로만 인식하는 것이다. 노인 유권자가 워낙 많기에 정책이나 제도 차원에서는 많은 혜택이 주어지지만, 사회문화적 차원에서는 노인을 인간적으로 존중하는 감수성이 박약한 편이다. 물론 거기에는 노인 스스로 젊은 세대에게 신뢰와 존경을 받을 만큼 스스로의 위엄을 세우지 못한 탓도 있다.

지금 우리에게 필요한 것은 매력적인 노년의 상(像)이다. 그것은 젊은 외모로 모델 활동을 하거나 근육질 몸매를 뽐내는 것이 아니다. 겉모습이 아니라 안에서 우러나오는 기운으로 '멋'을 빚어내야 한다. 노인들의 다양한 잠재력이 꽃피울 수 있는 사회적 조건이 필요하다. 이를 위해서는 노인이 지니고 있는 긍정적인 가능성을 일깨워야 한다. 고정관념을 바꾸면 심신의 역량도 다르게 발휘되기 때문이다.

　　그것을 입증하는 실험이 미국에서 진행된 바 있다. 실험에 참가한 노인들은 노화와 관련된 긍정적이거나 부정적인 고정관념에 사전 자극을 받았다. 긍정적인 조건으로 사전 자극된 고정관념은 '성취, 조언, 경계, 기민함, 창의성, 통달, 인내, 향상, 통찰력, 현자, 지혜' 같은 낱말이었다. 부정적인 조건으로 사전 자극된 고정관념은 '알츠하이머, 혼동, 쇠퇴, 노쇠, 치매, 의존, 질병, 죽음, 망각, 무능함, 부적절함' 등이었다. 그렇게 대조적인 단어들로 사전 자극을 받은 노인들이 수학 및 구술 시험을 치르게 되었는데, 부정적인 고정관념에 노출된

0
8
0

참가자들은 스트레스 때문에 혈압과 심박수가 올라갔다. 두려움이라는 감정이 점화되고 자신감이 떨어지면서 기억력도 제대로 발휘하지 못했다.[9]

또 다른 실험에서는 미국과 중국의 노인들이 테스트에 임했는데, 연령차별주의에 노출된 미국 노인들은 젊은이보다 성적이 많이 떨어졌고, 연령차별주의에 덜 노출된 중국의 노인들은 젊은이만큼 훌륭하게 수행했다. 또 다른 조사에서는 나이 듦을 긍정하는 노인들이 부정적으로 인식하는 노인들보다 7년 이상 더 살았다. 나이 듦은 무기력한 쇠퇴일 뿐이며 따라서 중년을 최대한 연장해야 행복하다고 생각하면, 행복한 노년을 누릴 가능성을 스스로 억누르게 된다.

고대 철학자 키케로는 《노년에 대하여》에서 이렇게 말했다.

즐겁고 행복한 삶을 지켜낼 수 있는 근원을 가지지 못한 이들은 인생의 매 순간이 버겁게 마련이다. 하지만 모든 행복을 자기 안에서 찾는 이들은 자연의

법칙에 따라 찾아오는 '피할 수 없는 매 순간'을 결코 불행으로 여기지 않는다. 그중 대표적인 것이 바로 노년기다.[10]

물론 나이가 들면 심신이 예전 같지 않다. 노화에 따른 당연한 변화다. 그러나 모든 퇴화가 불가피한 것은 아니다. 예를 들어 나이가 들수록 기억력이 감퇴한다는 생각이 당연하게 받아들여지지만, 나이가 들어도 새로운 공부를 하게 되면 기억력이 유지되거나 증진된다. 또한 기억력과 관련해 한 가지 짚고 넘어가야 할 점이 있다. 인간은 자신에게 의미 있는 일일수록 쉽게 기억한다. 그런데 젊은이 중심으로 돌아가는 세상에서는 노인에게 의미 없는 일들이 많다. 그래서 여러 가지를 보고 듣고 경험해도 기억에 남는 것이 적을 수밖에 없다. 급변하는 사회에서 노인은 아무래도 주변부로 소외되기 마련이고, 자아 개념에 부정적인 영향을 주는 단서를 자주 접하기 때문이다. 그러므로 지금 필요한 것은 노인들이 스스로 삶을 주도할 수 있는 환경이다.

그에 대해 시사점을 주는 실험 하나가 있다. 미국의 어느 요양원 거주 노인들에게 자율성을 부여해서 매사를 스스로 결정하도록 해보았다. 예를 들어 화분을 가꾸는 책임을 맡기거나, 면회객의 방문 시간을 노인 스스로 결정하게끔 통제권을 늘려준 것이다. 그 결과 어떤 변화가 일어났을까? 몇 주 지나지 않아서 민첩함과 만족도, 프로그램 참여도, 전반적인 행복감이 많이 상승했다고 한다. 육체적 건강 수준도 크게 향상되었고, 지적인 기능도 많이 올라갔다.

노인은 돌봄의 대상일 뿐이라는 고정관념에서 벗어나, 최대한 스스로 일상을 꾸리고 주도할 수 있는 환경을 조성할 때 나이 듦의 부정적인 영향이 줄어든다. 그것은 궁극적으로 자신이 삶의 주인으로서 자리매김되는 것이라고 할 수 있다. 메이 사튼이라는 시인은 이렇게 말한 적이 있다.

"나이가 들면 왜 좋을까? 내가 예전 그 어느 때보다 더욱 나다울 수 있기 때문이다."

인간의 자아는 사회적인 구성물이다. 지금 노인의

자존감이 낮아지는 까닭은 무엇인가. 타인에게 의미 있는 존재로서 스스로를 드러낼 수 있는 장이 사라져 가기 때문이 아닐까. 자신의 생애 경험이 누군가에게 흥미롭고 유익한 스토리로 들릴 수 있다면, 지금 이 순간을 함께하는 사람들과 온전히 연결되어 있다고 느낀다면, 나아가 더 나은 세상을 만들어가는 데 자신이 한 몫을 하고 있음을 발견할 수 있다면, 노인의 위엄은 자연스럽게 세워질 것이다. 그것은 젊은 세대에게 군림하는 권력이 아니라 서로의 삶을 드높여주는 활력이 될 것이다.

복지

영혼의
궁극적 회복

매달 20일은 공무원들의 월급날이다. 그런데 그 반가
운 날을 지자체의 복지 담당 직원들은 두려움으로 맞
이한다. 기초생활 수급자의 급여일이기도 하기 때문이
다. 정해진 기준을 초과해 무리한 요구를 하면서 억지
와 행패를 부리는 이들이 있다. 전화를 받으면 다짜고
짜 험악한 욕설부터 쏟아내고, 직접 찾아와서 아무 일
도 못 하게 난동을 부리기도 한다. 서울의 어느 구청에
서는 수급자가 뜨거운 찻잔을 던지는 바람에 여직원이

얼굴에 화상을 입은 일도 있었다. 이런 상황에서 담당 공무원들은 만성적인 감정 부조화와 소진 상태에 빠지기 일쑤다. 공무원만이 아니라 복지관의 사회복지사들도 비슷한 어려움을 겪는다.

복지 수혜자들은 왜 그렇게 거칠어지는가. IMF 금융위기 이후 경제가 저성장 기조로 전환되는 것과 함께 사회 전반의 유대와 결속이 급격하게 해체되었다. 그런 가운데 부의 양극화가 심화되었고, 극심한 패배의식이 만연하게 되었다. 무너진 자존감을 회복하기 위한 몸부림은 담당 실무자들에 대한 '갑질'로 표출된다. 실무자들은 자신을 늘 떠받들어주는 유일한 타인일 가능성이 많고, 가장 쉬워 보이는 상대이기 때문이리라. 그리고 비슷한 처지에 있는 다른 사람들과 끊임없이 비교하면서 상대적인 불이익을 겪는다거나 덜 존중받는다고 여겨지는 처사에 민감하게 반응하는데, 그 화살은 고스란히 실무자들로 향하기 마련이다.

복지 실무자들이 자기를 방어할 수 있는 시스템이 필요하다. 감정노동자의 권익 보호를 위해 생겨난 몇

몇 조치를 참고할 만하다. 악질 고객을 계속 상대하다 보면 심신이 황폐해지고 서비스의 질도 떨어진다는 점을 뒤늦게 깨닫기 시작한 일부 기업에서는 상황별로 대응할 수 있는 매뉴얼을 마련하고 있다. 직원의 건강과 자존감이 직무의 태도와 효율로 이어진다고 볼 때 당연한 처사다. 사회복지의 경우에도 실무자의 인권이 보장되어야 한다. 어떤 원칙이 관철되는 시스템이 정립되어야 막무가내 수혜자들이 막말과 폭력을 삼가게 된다.

다른 한편, 수혜자들의 자존감이 자라나야 한다. 새로운 관계 속에서 또 다른 자신을 만나는 계기가 필요하다. 서울시의 자활 담당 공무원이 흥미로운 사례를 들려주었다. 노숙인들에게 발달장애인 시설에서 봉사하면서 생활비를 받도록 하는 프로그램을 실시한 적이 있다. 그런데 함께 지내는 장애인들이 노숙인들을 '선생님'이라고 부르며 잘 따르자, 평생 처음 귀한 존재로 대접받게 된 노숙인들은 심성이 온화해졌다고 한다. 무능한 약자가 아니라, 다른 사람의 즐거움을 도모하고 더불어 더 나은 삶을 빚어가는 능동적 주체로 나설 때 마음은 단단하면서도 부드러워진다. 사회복지는 그러한 사회적 자존감을 북돋아주는 운동과 병행되어야 한다.

'복지'의 뜻을 보자. '건강하고 윤택한 생활, 안락한 환경을 조성하여 사람들이 행복을 누릴 수 있도록 하는 작업'이라고 사전에서 정의된다. 한자를 보면 '福(복-복)', '祉(복-지)'인데, '祉'는 '하늘에서 내리는 복'이라는 뜻이다. 그러니까 복지에는 삶 속에서 복을 지어내고 나누는 기쁨이 수반되어야 한다. 그런데 지금 한국에서 복지는 자원의 배분 쪽으로만 너무 치우쳐 있다.

복지의 핵심은 사회적 관계의 복원 혹은 창조에 있다. 이를 통해 마음이 자라나고 연결되면서 공동의 삶을 고양시키는 것이다. 막연한 이야기가 아니다. 주민들이 지역에 밀착해 돌봄 생태계를 만들어낸 사례가 적지 않다. 동네의 가가호호를 방문하며 생활실태를 조사하고, 이웃끼리 주고받을 수 있는 호혜의 네트워크를 짜고 정책 제안까지 해내는 경우도 있다. 그것은 단순히 어떤 필요를 섬세하게 파악해 효과적인 서비스를 제공하는 차원을 넘어선다. 그 과정에서 사람들 사이에 새로운 관계가 싹튼다는 점이 중요하다.

'복지사회란 경제적인 조건만으로 되는 것이 아니고, 영혼의 탐구가 상식이 되는 사회이어야' 한다고 시인 김수영은 말한 바 있다. 복지는 궁극적으로 영혼의 회복이고, 그것은 넘치는 감사로 이어질 수밖에 없다. 국가가 모든 것을 떠맡고 국민은 개별적 수혜자로만 머무는 구도를 넘어서야 한다. 서로의 삶을 보살피고 공동의 영역을 가꾸는 공적인 책무감과 행복감이 토대가 되어야 한다. 인간의 삶은 안전하고 신뢰 가능한 사회적 공간 안에서 온전하게 영위될 수 있기 때문이다.

089

손님

감사와 환대의
마음자리

예전에 노트북 수리를 위해 어느 서비스센터를 방문한 적이 있다. 담당 직원은 정성스럽게 기계를 살펴보면서 고장 난 부분을 꼼꼼하게 고쳐주었다. 모두 마무리되어 노트북을 챙겨서 나오는데, 그 직원은 자리에서 일어나 현관까지 따라와서 깍듯하게 배웅했다. 웬 과잉 친절? 아니나 다를까, 그는 인사 끝에 한마디를 덧붙였다. 곧 고객 만족도를 확인하는 전화가 갈 텐데 최고 점수를 달라는 부탁이었다.

저성장 시대로 접어들어 모든 영역에 공급 과잉이 일어나면서 소비자의 마음을 붙잡으려는 노력이 치열하다. 그런 가운데 감정노동이 가혹해진다. 고객은 무조건 옳다, 그러니 어떤 불평에도 고개 숙여 정중히 사죄하라는 업무 지침이 내려온다. 더 나아가 만족도를 높이기 위해서 제품이나 서비스 구매 이후에 설문조사가 이뤄진다. 점수가 낮은 직원은 지적을 받고 관리 대상이 된다. 한 문항이라도 최고 점수를 받지 못하면 0.×점 차이로 불이익을 감수해야 하고, 만일 앙심을 품은 고객이 최저 점수를 준다면 심각한 일이 벌어질 수도 있다. 고객의 힘은 그토록 막강하다.

얼마 전 은행에서 대출을 받은 일이 있었다. 귀갓길에 본사에서 만족도 조사 전화를 받았다. 서비스의 질과 직원의 태도 등에 대한 질문에 이어서, 그 출장소(지점)에 대한 전반적인 평가를 요청했다. 나는 대체로 만족한다고 대답했다. 그런데 전화를 끊고 나서 생각해보니, 문제가 있는 직원 한 명이 떠올랐다. 서른 살 전후의 남자 직원인데, 웃는 얼굴로 고객을 대하는 것을 한 번도 못 보았다. 약간 화가 난 것처럼 보였고, 상대방을 못마땅하게 여기는 듯한 표정이었다. 뒤늦게라도 '신고'를 해야겠다 싶어 방금 걸려온 번호로 버튼을 눌렀다. 그런데 그 번호는 발신만 가능하고 수신은 안 된다는 안내가 나왔다.

그 후 며칠 동안 나의 느낌과 판단을 곰곰이 되돌아보았다. 그 청년의 마음과 삶에 대해 여러 상상을 했다. 그는 어린 시절 가정이나 학교에서 괴로운 일들을 경험했을지 모른다. 또는 지금 직장 상사에게 시달리고 있을 수도 있다. 그렇다면 그의 굳은 얼굴과 무뚝뚝한 말투는 나를 향한 것이 아니다. 물론 그런 태도는 본인의 사회생활을 위해서라도 개선해야 할 점이겠지만, 고객이 불만 사항으로 제기할 문제는 아니다. 생각이 거기에 이르자 그날 통화가 안 되길 천만다행이었다는 생각이 들었다. 내 경솔한 한마디가 그 직원에 대한 중대한 처분으로 이어질 수 있기 때문이다.

제품에 대한 불만은 대개 객관적이고, 시스템 개선으로 귀결될 가능성이 높다. 그에 비해 서비스에 대한 문제 제기는 매우 주관적이고, 구체적인 직원의 인격을 평가하면서 당사자에게 모멸감을 줄 수 있다. 고객 감동 경영의 일환으로 실시되는 만족도 조사가 직원들에게 무서운 검으로 작용한다. 소비자의 평가가 그렇게 절대시되어야 할까. 아주 근소한 점수 차로 직원의 등급을 매기고, 그래서 담당자들이 고객에게 만점을 달라고 당부하도록 만드는 관료주의적 평가 시스템은 재고되어야 마땅하다. 더구나 그것은 고객의 입장에서 감동을 받기는커녕 오히려 성가신 일로 여겨질 때가 많다는 점도 짚어두고 싶다.

고객은 왕이 아니다. 말 그대로 '객(客)'이다. 손님이 주인 행세를 하려고 하면 난감해진다. 사소한 결함을 지적하고 불만을 터뜨리는 것이 아니라, 작은 호의에 감사를 표하는 것이 손님의 도리다. 과분한 대접은 당연한 것이 아니라 황송한 선물이다. 많은 감정노동자가 고통을 받는 시대에 소비자에게 요구되는 미덕은 손님의 겸손함이다. 서로를 존중하고 환대하는 즐거움이다.

자존

타인을
존중하는 원천

어느 코미디 프로에서 한때 인기를 끌었던 '갑과 을'이라는 시리즈가 있다. 등장인물 사이에 갑을관계가 형성되어 있어서 갑이 을에게 온갖 횡포를 부리는데, 어느 순간 입장이 완전히 뒤바뀌어 복수하는 구도로 시나리오가 전개된다. 예를 들어 목욕탕에 에어컨이 고장 나서 수리 기사들이 왔는데, 주인은 기계가 왜 그렇게 고장이 잘 나느냐면서 심하게 면박을 준다. 겨우 수리를 마친 다음에 기사들은 온 김에 목욕이나 하고 가

자면서 갑자기 손님이 된다. 그리고 서비스에 불만 사항이 생겨서 주인을 사정없이 몰아세운다. 그러다가 에어컨이 제대로 수리되지 않은 것이 발견되어 다시 주인이 수리 기사들에게 욕설을 퍼붓는다. 이런 식으로 갑을관계가 계속 역전되는 것이다.

인간에게 권력욕은 보편적인 욕망 가운데 하나지만, 한국인들은 힘에 대한 갈망이 강렬한 편이다(이를 뒷받침하는 연구의 한 가지 예로, 네덜란드 심리학자 홉스테드의 '문화 유형 비교'를 들 수 있다. 그의 연구 결과에 따르면, 위계질서와 권위를 중시하는 정도를 나타내는 '권력 간 거리 지수'가 높은 나라로 한국이 분류된다). 이른바 '완장 문화'라고 하는 것이 단적인 징후다. 작은 모임이나 조직에서도 다른 사람보다 조금이라도 더 우위에 서려고 애쓰고, 그것을 공식적으로 인정받고 싶어 한다. 자신이 신분적으로 우월하다고 믿거나 그런 우위를 확보하고 싶은 충동이 갑질로 이어지기 쉽다. 인간성의 근본을 부정하는 모욕으로도 종종 발현된다. 을은 그런 대접을 받으면서 자신의 인격이 비하되는 느낌, 열등한 존재로 취급되는 데서 오는 수치심과 분노에 사로잡힌다.

세계적인 미래학자 제러미 리프킨은 그런 감정이 자아내는 상태를 다음과 같이 설명한다.

모욕은 한 인간을 집단적 우리(WE)에서 고립시키는 행위다. 모욕당한 사람은 국외자가 되고 비인칭적 존재가 된다. 모욕을 당하면 내면의 공감 본능의 스위치가 꺼진다. 따돌림을 당해 존재감을 못 느끼고 자신의 가치를 찾지 못하는 상태에서는 다른 사람의 곤경 앞에서 공감의 수문을 열 수 없다. 다른 사람과 정서적인 유대를 나눌 수 없기 때문에, 마음은 위축되어 뒷걸음질치게 된다. 버려졌다는 생각에 자신도 모르게 다른 사람들에게 화를 내게 된다. 왜 화를 낼까? 화를 내는 것만이 사람들과 소통할 수 있는 유일한 방법이기 때문이다.[11]

모욕이 악순환을 일으키는 메커니즘을 잘 밝혀주는 대목이다. '공감 본능의 스위치'가 꺼지고 복수심에 사로잡히면서 타인에게 아무렇지도 않게 모욕을 주게 되는 것이다.

그렇다면 모멸을 주고받는 관계에서 자유로워지려면 무엇이 필요할까. 갑질은 권력관계나 이해관계로 얽혀 있는 상황에서 자행된다. 힘의 위계 속에서 눈치를 살펴야 하거나, 금전적인 우열 속에서 상대방의 환심을 사야 할 때 을의 처지가 된다. 그러한 일방적 관계에서 부조리한 처사가 횡행하기 쉽다. 지금 우리에게 필요한 것은 그 폐쇄적인 울타리에 틈을 내서 합리성이 작동할 수 있도록 만드는 일이다.

오래전 사회적으로 큰 물의를 빚었던 대한항공의 '땅콩 회항' 사건을 보자. 그 회사 내부인들 사이에서는 조현아 씨의 이번 행동은 그다지 충격적이지 않았다고 한다. 직원들을 노예처럼 취급하며 갖은 비난과 욕설로 모욕감을 주는 태도를 너무 많이 보아왔기 때문이다. 말하자면 그녀에게 회사는 자신의 절대권력이 마음껏 행사되는 왕국이었다. 누구도 거기에 저항은커녕 문제 제기조차 할 수 없었다. 그 사건의 경우에도 비행기를 회항시키지만 않았다면 아무 문제 없이 넘어갔을 것이다. 그동안 그런 정도의 폭언은 다반사로 쏟아졌기 때문이다.

그렇듯 무소불위의 힘을 휘둘렀던 조현아 씨가 고개를 푹 숙인 채 사죄를 하고 결국 징역형 선고까지 받게 된 것은 그 어이없는 행태가 만천하에 드러났기 때문이다. 대한항공이라는 아성에서 감히 작동할 수 없었던 '상식'이 힘을 발휘한 것이다. 지극히 평범한 사회적인 잣대가 적용되면서, 그동안 내부에서 당연시되거나 묵인해온 관행이 법의 심판을 받게 되었다. 직원들 위에 '슈퍼 갑'으로 군림할 수는 있었지만, 불특정 다수의 사람들 앞에서는 을일 수밖에 없다. 자신의 그 모든 권력은 돈에서 오는 것이고, 그것은 궁극적으로 소비자들의 마음에 달려 있다. 아무리 커다란 기업이라도 비인간적인 요소가 지나칠 때 공분(公憤)을 살 수밖에 없다. 그것이 자기 자신에게 직접적으로 손해를 끼치지 않는다 해도 인지상정의 공감이 이뤄지기 때문이다.

우리에게는 바로 그러한 마음이 움직이는 사회

적 연대가 절실하다. 친밀한 사람들끼리의 강한 연대 (strong tie)가 아니라, 낯선 사람들 사이의 느슨한 연대 (loose tie)가 필요하다. 느슨하다는 것은 허술하다거나 피상적인 관계를 의미하지 않는다. 그것의 핵심은 개방성과 유연성이다. 강한 연대에서는 특정한 가치를 기준으로 모종의 우열이 비교되기 쉽고, 나이나 지위에 따른 위계서열이 고착되기 일쑤다. 그에 비해 느슨한 관계에서는 자유롭게 그냥 인간 대 인간으로 서로를 대할 가능성이 높다. 자연인 또는 시민으로서 보편적인 권리를 대등하게 행사할 수 있는 것이다. 그 토대 위에서 시민사회의 공론장이 다양하게 열릴 수 있다.

그 영역은 모르는 사람들 사이의 인간적 유대를 토대로 성립된다. 문명의 수준은 이렇게 서로 잘 모르는 사람들 사이에서 얼마만큼 배려가 이루어지는가를 기준으로 가늠할 수 있다. 낯선 사람들끼리 서로를 지켜주고 협력할 수 있게 하는 신뢰가 그 핵심이다. 갑질의 무자비함을 제어할 수 있는 공의(公義)는 그러한 바탕 위에서 자라날 수 있다.

한국의 근대화는 초고속으로 진행되었고 민주주의의 경험도 압축적이었다. 그래서 시민적인 질서와 보편적인 규범을 스스로 세우고 내면화할 겨를이 없었다. IMF 금융위기 이후 지속되는 저성장 경제 속에서 사람들의 심성은 더욱 각박해지고 있는 듯하다. 제 몫 챙기기에 급급하게 만드는 경제 체제와 사회 구조에서, 공동의 선(善)을 창출하여 모두의 삶을 격상시키는 기틀을 어떻게 확보할 것인가. 지금 우리에게 절박한 과제다.

그와 함께 우리에게 필요한 것은 상호존중을 자아내는 자존감이다. 우리는 아직도 예의를 중요하게 생각한다. 예(禮)란 무엇인가. 미국의 유교학자 핑가레트(Fingarette)는 그것을 '인간의 상호의존과 존경을 내용으로 하는 성스러운 의식(儀式)'이라고 정의한다. 예는 의식이기 때문에 겉치레와 형식에 불과한 것이 될 수도 있다. 실제로 여러 상황에서 우리는 허례허식에 매달리고 체면에 집착하는 모습을 보인다. 그러나 예의 핵심은 자기를 억제하고 상대방을 배려하는 정신이다.

《논어》에서 말하는 충서(忠恕), 즉 '자기가 서고 싶으면 남을 먼저 세우고, 자기가 이루고 싶으면 남을 먼저 이루게 하라'는 가르침이 그것이다.

극기복례(克己復禮)라는 말에서 압축되듯이, 자신을 넘어서는 곳에서 예는 실현된다. 사람과 사람을 아우르는 천지만물의 질서로 심신이 고양될 때 '인(仁)'이라는 사람됨의 길이 열린다. 오늘 우리 사회에 만연한 갑을관계는 비좁은 에고(ego)에 집착하는 병리의 한 징후다. 다른 사람들을 지배하는 가운데 자신의 존재 가치를 확인하려는 행태를 극복해야 한다. 다른 사람을 떠받듦으로써 오히려 자신의 격(格)이 높아지는 역설을 체득해야 한다. 그 상호존중의 미학을 사회적인 윤리로 확장해갈 때, 갑을관계의 덫에서 서로 해방될 수 있다. 진정으로 힘이 있다는 것이 무엇인지를 체득할 수 있다.

타인 위에 군림하지 않고 위엄을 누릴 수 있을까. 부드러우면서도 당당한 기품은 어디에서 우러나올까. 괴테는 《이탈리아 기행》에서 어느 수도원 사제들의 우아한 자태로부터 받은 깊은 인상을 다음과 같이 쓰고 있다.

> 수도회의 사제, 그 가운데서도 우아한 복장을 한 사제들은 좌중에서 특히 두드러져 보였다. 그들의 복장은 순종과 절제를 의미하는 동시에 그것을 입고 있는 사람에게 상당한 위엄을 부여해주었다. 그들은 자신의 품위를 떨어뜨리지 않고서도 겸손하게 보이도록 행동할 줄 알았다. 그러다가도 다시 허리를 꼿꼿이 세우고 있을 때면, 다른 어떤 신분의 사람에게서도 찾아볼 수 없을 자족감을 보이고 있었다.[12]

자족감이란 자기 안에 갇혀 안주하는 폐쇄적인 만족감이 아니다. 세계에 열려 있으면서 존재의 뿌리에 든든하게 중심을 내리고 있는 무게감이다. 사소한 권력이나 이해관계에 휘둘리지 않고, 너그러운 품성으로 타인을 헤아리고 수용하는 품격이 거기에서 우러나온다. 그 경지에서 우리는 자신을 존중하고 타인을 공경

할 수 있다. 그것이 진정한 자존감의 발현이고, 그러한 기풍이 사회와 마음에 스며들 때, 사람다움이 여러 가지 모양으로 구현될 수 있다.

완고함이
아니라

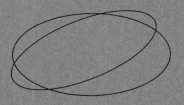

견고함
으로

머지않아 너는 모두
잊을 것이고, 머지않아
모두 너를 잊을
것이다.

•

마르쿠스
아우렐리우스

망상

힘에 대한
강박과 집착

"맥베스를 환영하라! 글래미스 영주시다!"
"맥베스를 환영하라! 코도의 영주시다!"
"맥베스를 환영하라! 왕이 되실 분이다!"

셰익스피어의 《맥베스》는 용맹하고 충성스러운 장군인 주인공(맥베스)이 반란군을 진압하고 돌아오던 길에 세 명의 마녀를 마주치는 것으로 시작된다. 마녀들은 그가 코도의 영주가 될 것이며 장차 왕도 될 것이라고 예언하는데, 놀랍게도 바로 그 자리에서 전령으로부터 이제 코도의 영주가 되었음을 통보받는다. 다음 수순은 왕이 되는 것이라고 확신하게 된 맥베스는 과대망상과 야욕에 사로잡혀 악행을 거듭하다가 점차 내면이 붕괴하고, 결국 걷잡을 수 없는 파멸로 치닫는다. 셰익스피어는 말한다. '삶은 아무 의미도 없는 소음과 분노로만 가득한 백치의 이야기'라고.

일정한 주기로 선거가 있을 때마다 이 작품이 자꾸 떠오른다. 자질도 역량도 갖추지 못한 인물들로 하여금 무모하게 출사표를 던지게 만드는 여론조사나 지지율이라는 허깨비가, 맥베스에게 들려준 마녀의 속삭임을 닮은 듯 느껴져서다. 아무렇게나 말하고 제멋대로 행동해도 승승장구하던 밀실에서 그들의 에고(ego)는 한없이 비대해진다. 신기루 같은 갈채와 환호에 현혹되어 멋모르고 광장으로 뛰쳐나와 위용을 뽐내려다가 헛발질만 하며 추악한 민낯을 드러낸다. 그런데도 부끄러워하기는커녕 점점 더 기고만장해지는 모습이 블랙코미디에 다름 아니다.

자기를 제대로 사랑하지 못하는 사람들이 권력을

쥐는 데서 많은 비극이 생겨난다. 근원적인 인정 결핍을 지배 욕구로 치환하는 사람들, 언제 어디서나 우월함을 확인하기 위해 타인을 수단화하는 자기애적 인격 장애는 도처에 있다. 타고난 성격 탓이거나 성장 과정의 문제일 수도 있지만, 성인기의 사회적 경험에서 형성된 마음의 습관인 경우도 적지 않다. 권위주의적인 조직에서 지위를 누리다가 은퇴 후 가족이나 주변 사람들과 원만한 관계를 맺지 못하는 것이 한 가지 전형이다. 아랫사람들이 떠받들어주는 환경에서 익숙해진 페르소나가 자아로 고착된 것이다.

승승장구의 오르막길에서 발을 헛딛고 자기기만과 몰락의 벼랑으로 내달리는 맥베스는 우리 모두의 반면교사다. 괴물로 몸집을 키우다가 결국 심판받을 운명에 맞닥뜨려 내뱉은 그의 탄식은 준엄한 경고로 다가온다.

"꺼져라, 짧은 촛불! 인생이란 그림자가 걷는 것, 배우처럼 무대에서 한동안 활개 치고 안달하다 사라져버리는 것…."

완고함이 아니라 견고함으로

세상사는 신화나 문학처럼 나를 비춰주는 거울이 된다. 허세를 온몸으로 구현하는 현실 속 등장인물들의 행각을 통해 우리 안에 깃들어 있는 철부지의 모습을 읽을 수 있다. 나이가 들어도 유치한 욕망에서 벗어나지 못하고, 갓난아기 시절 울음과 떼쓰기와 응석으로 모든 욕구를 충족시킬 수 있었던 '유아적 만능감'에 매여 있다. 프로이트가 말한 '고착'도 그러한데, 어떤 문제에 부딪혔을 때 새롭거나 다른 관점을 채택하지 못하는 것, 대상과 관계를 맺고 위험에 반응하는 방식이 낡아빠진 것이다.

수명은 늘어나는데 성숙해지기는 어려운 세상이다. "새는 알에서 나오기 위해 투쟁한다. 알은 새의 세계이다. 태어나려고 하는 자는 하나의 세계를 파괴해야 한다"라는 《데미안》의 명구는 평생 간직해야 할 잠언이다. 사람은 스스로를 만들어가는 열린 존재다. 끊임없이 다시 태어남으로써 인격을 완성해가야 한다. 아집과 몽매의 껍데기를 하나씩 돌파하면서 우리는 어른이 된다. 그러려면 알을 깨는 힘이 있어야 한다.

어떤 힘이어야 할까. 분리가 아닌 연결, 통제가 아닌 돌봄에서 우러나오는 에너지다. 그 역동적인 흐름에 자신을 내맡기면서 비좁은 '나'는 원대한 '우리'로 나아간다. 소아병적인 집착과 강박에서 풀려나면서 삶은 한 단계씩 고양되는 것이다. 높은 경지에 자기의 중심을 세운 사람은 자기중심으로 돌아가지 않는 현실을 당연하게 받아들인다. 힘을 겨루고 남을 지배하는 파워게임 대신, 더불어 보살피며 생명의 기운을 북돋는 일에 힘을 쓸 줄 안다. 서로의 취약함을 보듬으면서 마음의 중심을 잇는 연민과 지혜로 우리는 조금씩 철들어간다.

고백

과시와 허세를
내려놓는 자리

'월남의 하늘 아래 메아리치는 귀신 잡던 그 기백 총칼에 담고 붉은 무리 무찔러 자유 지키러 삼군에 앞장서서 청룡은 간다~'

'그 이름 맹호부대 맹호부대 용사들아 가시는 곳 월남땅 하늘은 멀더라도 한결같은 겨레마음 님의 뒤를 따르리라~'

1970년대 베트남전쟁이 한창이던 초등학교 시절, 파병군을 위한 군가는 유행가처럼 사랑받았다. 맹호부대, 청룡부대, 백마부대는 대한민국의 자랑이었다. 학교에서 선생님들은 한국군의 용맹스러운 활약상에 대해 들려주셨고, 친구들끼리도 여기저기에서 주워 모은 일화들을 나누면서 뿌듯해했다.

중학교 시절, 베트남전 참전 경험을 들려준 선생님이 있었다. 한국군의 '귀신 잡던 그 기백' 앞에 베트콩들이 얼마나 공포스러워했는지를 생생하게 전해줄 때 학생들은 귀를 쫑긋 세웠다. 지금도 잊히지 않는 것은 포로들을 학대하고 처형하는 방법이었는데, 너무 잔인해서 차마 글로 옮길 수가 없다. 선생님은 자기도 그때 어떻게 그런 짓을 할 수 있었는지 모르겠다면서, 평범한 남자들이 전쟁터에서 광기에 휩쓸리며 살인 기계로 변모해가는 과정을 증언했다.

넷플릭스 드라마 〈디피(D.P.)〉(2021·2023)를 보면서 그 선생님의 이야기가 떠올랐다. 전쟁을 위해 조직된 폐쇄 집단 속에서 인간이 얼마나 쉽게 괴물이 되어버릴 수 있는지를 정밀하게 묘사했기 때문이다. 사실 그것은 새로운 이야기가 아니다. 정도의 차이가 있을 뿐 한국 남자들 대부분이 몸소 겪은 현실이고, 군 복무를 하지 않은 사람들도 지겹도록 접한 내용이다. 그런데 이 드라마는 왜 새삼스러운 반향을 불러일으켰는가. 군대 이야기라면 금방 싫증 내는 여성들조차도 열심히 시청한 까닭은 무엇인가.

똑같은 경험도 어떤 방식과 분위기로 풀어내느냐에 따라 전혀 다른 내러티브가 된다. 핵심은 성찰이다. 죽도록 고생한 일들을 떠벌리면서 위세를 부리는 이야기는 소음이 되기 쉽다. 하지만 폭력에 길들거나 거기에 저항하는 자신을 돌아보면서 내면을 짚어가는 이야기는 귀한 통찰이 된다. 중학교 때 선생님이 들려주신 전쟁 체험이 지금까지 여운으로 남는 것은, 그것이 단순한 무용담이 아니라 극한 상황에서 악마로 변신해간 자신을 객관화했기 때문이다. 드라마 〈디피〉가 남다른 울림을 주는 것은 인간 실존의 보편적인 지평 위에서 상황을 조망할 수 있기 때문이다.

한국 남성에게 병영의 기억은 어떤 무늬로 저장되어 있는가. 어떤 맥락에서 어떤 언어로 재생되는가. 크고 작은 트라우마의 역사적 뿌리를 더듬으면서, 성년기의 출발점에서 군대 생활을 통해 자아가 형성된 경로를 복기해야 한다. 부당한 명령에 굴종하고 자기 또한 부조리한 권력을 휘두르면서 뒤틀린 인격은 생애 전반에 어둠으로 드리운다.

1980년 5·18 광주항쟁 진압에 동원돼 민간인을 무차별하게 학살했던 군인들 대다수는 스스로를 용서하지 못하고 괴로움에 몸부림치며 살아왔다. 그들은 명령에 따라 행동할 수밖에 없었기에 피해자라고도 할 수 있다. 그런데 국가폭력의 직접적인 희생자들과 달리 그들은 당시 자신의 경험을 철저하게 감추어야 했고, 심리적 고통도 꼭꼭 숨겨야 했기에 고통이 더 클 수밖에 없었다. 5·18을 소재로 한 소설 속 군인들의 트라우마를 분석한 논문을 쓴 심영의 박사는 "개인 일탈이나 성폭행 등의 범죄를 저지른 이는 찾아서 처벌해야 하지만, 명령에 따라 투입된 군인들은 자기 뜻과 달리 가해자가 돼버린 피해자다. 치유 대책을 세워야 한다"고 말한다.[13]

치유되지 않은 내상(內傷)은 사회적으로 증폭되고, 또 다른 가해로 확대 재생산되기 일쑤다. 알코올중독, 아동학대, 배우자 구타, 학교폭력, 성희롱, 갑질, 왕따, 직장 내 괴롭힘….

"그냥 그래도 되는 줄 알았어."

드라마 〈디피〉에서 가장 널리 회자되었던 대사다. 가혹 행위를 일삼아온 황장수가 전역한 후에, 자신을 납치해 총을 겨누면서 왜 그런 짓을 했느냐고 다그치는 피해자에게 겁에 질려 내뱉은 말이다. 솔직한 대답이지만 비겁한 변명이기도 하다. 관행에 핑계를 대는 습성이 수많은 비리와 폭력을 낳았다. 일차적인 책임을 자기에게 돌리고 반성할 때 악순환의 고리를 끊을 수 있다.

우리의 일상 곳곳에 스며 있는 폭력의 문화를 대물림하지 않으려면 불편한 진실을 마주해야 한다. 자기 안에 깊게 아로새겨진 마음의 습관을 디톡스(해독)해야겠다고 다짐해야 한다. '라떼는~' 식의 과시와 허세를 거두고, 자기 안에 깃든 취약함과 모순을 정직하게 응시하고 인정하자. 새로운 존재로 나아가는 길은 그 고백에서 시작된다.

완고함이 아니라 견고함으로

지피지기

위태로워지지
않도록

1970년대에 중학생들이 필수품처럼 들고 다니던 참고
서로 동아출판사의 '완전 정복' 시리즈가 있었다. 전 학
년의 전 과목을 아울렀으니 수십 종에 이르는 기획물
이었지만, 표지에는 모두 나폴레옹이 백마를 타고 알
프스를 넘는 그림이 실렸다. (일본의 메이지 천황은 나폴레
옹의 그 모습을 흉내 내어 군복을 차려입고 백마에 올라탄 모습
을 사진 찍었다. 북한의 김정은 총비서도 백마 탄 모습을 종종 공
개한다.) 나폴레옹은 당시 아동용 위인전에 빠지지 않던

인물로서, "내 사전에 불가능은 없다"라는 '명언'과 함께 친숙하게 느껴지던 시절이었다. 교장 선생님의 훈화에서도 '야망을 가져라'라는 메시지를 전할 때 인생의 탁월한 귀감으로서 자주 예시되었다.

나폴레옹은 역사의 거대한 수레바퀴를 움직인 영웅임에 틀림없다. 그는 외딴 섬의 이방인 출신이라는 약점을 극복하고 황제에 등극함으로써, 오로지 능력만으로 운명을 바꿀 수 있다는 근대 정신의 표상이 되었다. 또한 프랑스혁명의 이념을 공화국의 제도로 수립했을 뿐 아니라, 그 성과를 유럽의 각국에 전파했다. 하지만 부정적인 평가도 많다. 혁명 열기에 편승해 자신의 야욕을 채운 폭군이고, 절대권력을 유럽 전역으로 확장하는 과정에서 수백만 명의 목숨을 희생시킨 전쟁광이라는 것이다.

이제 프랑스에서조차 나폴레옹은 영웅으로 칭송되지 않는다. 사실 그는 비겁하고 치졸한 면모도 많이 드러냈다. 위험한 상황에서 '나를 따르라' 하면서 앞서 나가는 대신, 병사들을 앞세우고 뒤꽁무니를 따라갈 때가 많았다. 야심차게 일으킨 이집트 원정에서는 페스트에 걸린 병사들을 방치했고, 전세가 기울자 부하 장교에게 지휘권을 넘기고 몇몇 부하들과 함께 몰래 프랑스로 돌아왔다. 그렇듯 나약한 모습을 감추기 위해 그는 여러 초상화를 제작하도록 했는데, 알프스를 넘는 그림도 그 가운데 하나다. 사실 그 작품은 말하자면 이미지를 조작한 것이다. 말이라는 동물은 겁이 많아서 산악 등반을 하지 못하기 때문이다. 실제로 그는 노새를 타고 알프스를 넘었다.

어린 시절 그를 '위인'으로 동경하면서 성장한 한국의 기성세대에게는 실망스러운 사실이다. 우리는 나폴레옹이 무너지는 과정에 대해서도 제대로 배우지 못했다. 도덕적인 평가는 제쳐두고라도, 그는 군사의 천재도 아니었다. 1812년 러시아 제국을 침략했다가 적국의 교묘한 술책에 어이없이 넘어갔고, 퇴각의 시점을 놓쳐서 60만여 명의 병사들이 굶주림과 추위와 학살로 죽어나가게 했다. 이는 전쟁의 역사에서 가장 처참한 패배 가운데 하나로 남아 있다. 대륙을 정복하겠다는 야심으로 막강한 군대를 이끌고 진격했지만 전멸하고 만 것이다. 적진의 계절 변화와 군대의 이동 시간을 계산하지 못했고, 병참선이 길어져서 물자 보급의 어려움이 생기게 되는 공간의 변수를 놓쳤다. 나폴레옹은 모스크바 점령에는 성공했지만, 그들이 마주친 것은 폐허와 혹한이었다. 프랑스군이 진군해오는 만큼 자국군을 후퇴시키면서 그 지역의 집과 식량을 모두 불태우는 러시아의 작전에 말려든 것이다. 똑같은 실수를 훗날 히틀러도 되풀이했다.

목표를 달성했지만 손에 쥔 것은 껍데기뿐이라니. 이런 아이러니는 주변에서도 종종 일어난다. 돈을 벌었는데 건강을 잃었다. 권력을 차지했는데 사람들의 신망을 잃었다. 인기를 얻었는데 악플에 시달린다. 교육에서도 마찬가지다. "합격만 생각해!" 입시 스릴러 드라마 〈스카이 캐슬〉(2018)에서 예서 엄마가, 억울하게 감옥에 간 친구 때문에 괴로워하는 딸에게 한 말이다. 그런 일들에 눈감고 오로지 공부에만 전념하라는 것이다. 다른 한편, 모든 수단을 동원해 아들을 서울대

의대에 합격시켰지만 곧바로 아들에게서 절연과 결별을 통보받은 영재 엄마가 자살하면서 영재네 가족은 파탄이 나고 만다. 그 뒤 영재 아빠는 예서 아빠에게, 더 늦기 전에 궤도 수정을 하라고 촉구하며 이렇게 경고한다. "합격증 받고 나면, 그때부터 지옥문이 열리는 거야."

'원하는 것을 손에 넣지 못하는 것이 때로는 뜻밖의 행운이 될 수 있다'라는 미국의 격언이 있다. 목표가 잘못 설정되었다면 실패가 오히려 다행이다. 나폴레옹처럼 모스크바를 차지했으나 불탄 집들과 추위에 직면해 진퇴양난의 처지에는 빠지지 않았으니 말이다. 그러니 어떤 푯대를 향해 전력 질주하는 발걸음을 종종 멈춰 세우고 자문해보아야 한다. 그것이 정말로 내가 원하는 바인가? 거기에 도달하면 무엇이 달라지고, 어떤 삶이 나를 기다리고 있는가?

연전연승의 신화에 도취돼 무모한 싸움에 나섰다가 급속한 몰락의 길로 접어든 나폴레옹의 말로. 거기에는 거대한 자기망상, 그리스 신화에서 말하는 '휴브리스(hubris)'가 깔려 있다. 휴브리스란, 한계를 무시한 야심에 이끌려 파멸에 이르는 오만을 가리킨다. 과거의 성공 경험을 가지고 자기의 능력과 방법을 맹신할 때, 돌이킬 수 없는 결과에 이르기 일쑤다.

일찍이 《손자병법》에서도 그러한 과오를 경고했다. 지피지기 백전불태(知彼知己 百戰不殆). 상대를 알고 나를 알면 백 번 싸워도 위태롭지 않다. 흔히 이 말은 '지피지기 백전백승'으로 잘못 인용된다. 그러나 백전백승이 가능한가. 《손자병법》은 허황된 믿음을 경계한다. 승패가 아니라 위태로워지지 않는 것이 중요하다고 가르친다. 속뜻을 이렇게 풀이해볼 수 있겠다. 이기고도 위태로워질 수 있다. 지는 것이 오히려 안전한 경우도 있다.

그렇다면 언제 위태로워지는가. 이에 대해 노자는 한 가지 소중한 통찰을 전해준다. 지지불태(知止不殆). 멈출 줄 알면 위태로워지지 않는다. 멈추지 못하고 어떤 선을 넘어버릴 때 감당하지 못하는 상황이 벌어지는 것이다. 선을 넘는 까닭은 한계를 감지하지 못하기 때문이다. 자기를 모르거나 대상에 대해 무지할 때 경계를 침범하게 된다. '지피'와 '지기'는 맞물려 순환한다. 나에 대해 잘 알수록 너의 정체도 명료해진다. 리얼리티의 실상을 인식하고, 삶의 진실을 깨닫게 된다. 정지가 미덕이 될 수 있다는 것. '완전 정복'은 불가능하다는 것. 지위가 높아지고 가진 것이 많아지고 나이가 들수록 어리석어지기 쉽다는 것.

> 황제 카이사르도 죽으면 진흙이 되어
> 바람을 막기 위해 구멍을 땜질하고
> 아, 세상을 풍미하던 그 흙도
> 겨울철 바람을 막으려 벽 구멍이나 때우다니.
> _ 셰익스피어,《햄릿》5막 중에서

멈춤

파멸에 이르기
전에

"나는요, 완전히 붕괴되었어요."

영화 〈헤어질 결심〉(2022)에서 주인공 해준(박해일 분)이 서래(탕웨이 분)에게 건넨 말이다. 사사로운 정에 이끌려 형사로서의 본분을 저버린 데 대한 탄식인 동시에 사랑의 고백이었다. '붕괴'라는 단어를 알지 못하는 서래는 곧바로 스마트폰으로 사전을 검색한다. '무너지고 깨어짐'이라는 풀이가 나온다.

그 장면을 보면서 잠시 생각해보았다. 나도 완전히

붕괴된 적이 있었는가. 삶이 무너지고 깨어지는 상황이란 어떤 것일까. 여러 가지 경우를 떠올려볼 수 있다. 자연재해로 하루아침에 삶터를 잃는 것, 전쟁이 일어나 피난길에 오르는 것, 갑작스러운 사고로 가족과 사별하는 것, 의사로부터 시한부 인생을 통보받는 것, 사업이 망해 엄청난 부채를 떠안게 된 것, 사기를 당해 전 재산을 날리는 것 등 수많은 상황을 예로 들 수 있다. 또 신체적 손상이나 경제적 파탄이 생긴 것이 아닌데도 '멘붕'에 빠지는 경우도 많다. 애인의 결별 선언이나 친구의 배신 같은 일을 겪을 때 우리의 삶은 크게 요동친다.

앞서 나열한 위기들은 외적인 상황에서 비롯한 것이고 대부분 운이 나빴다고 할 수 있다. 반면에 순전히 자기가 처신을 잘못해서 초래되는 위기도 많다. 뉴스에 종종 올라오는 전형적인 사례를 보자. 마약 복용 혐의로 인기의 정점에서 곤두박질치는 연예인, 망언과 막말로 지지 기반을 잃어버리는 정치인, 뒷돈을 받고 직권을 남용해 파면당하는 공무원, 성추행으로 손가락

질을 받게 되는 성직자, 표절로 명예를 실추당하는 지식인…. 모두가 자신의 어리석은 선택과 행동으로 몰락을 자초하는 스캔들이다.

그 뿌리에는 자신의 지위와 권력에 대한 과신이 자리 잡고 있다. 세상의 중심에 자기가 있고, 만사를 제 뜻대로 움직일 수 있다는 착각. 앞에서 언급했던 휴브리스와 일맥상통한다. 역사 속에 등장했던 수많은 '영웅'이 그런 함정에 빠져들어 비극적인 최후를 맞이했다. 그런 망상과 오만은 일종의 문화유전자처럼 전승되면서 나름의 계보를 이루는 듯하다. 철학자 버트런드 러셀은 이렇게 말한다.

"나폴레옹은 카이사르를 부러워했고, 카이사르는 알렉산드로스를 부러워했으며, 알렉산드로스는 틀림없이 실재하지 않는 인물인 헤라클레스를 부러워했을 것이다."[14]

나폴레옹이 자신의 역할 모델로 추앙했을 알렉산드로스, 그는 누구인가. 출중한 외모, 탁월한 신체적 기량, 남다른 통찰과 기지 등을 발휘하면서 30세의 나이에 광활한 영토를 지배한 정복 군주였다. 하지만 욕망과 감정을 절제하지 못해 요절하고 말았다. 역사학자 윌 듀런트는 그에 대해 "정력이란 천재의 절반일 뿐이다. 나머지 절반은 통제의 능력이다. 그리고 알렉산드로스는 온통 정력이었다"라고 말한 바 있다.[15]

그런데 무절제함은 권력자에게만 문제가 되는 것이 아니다. 보통 사람들도 욕망을 제어하지 못해서 돌이킬 수 없는 지경에 빠지기 일쑤다. 제주도 해녀들의 생활을 기록한 고희영 감독의 다큐멘터리 〈물숨〉(2015)이 떠오른다.[16] '물숨'이란 사람의 숨이 아닌 물의 숨이라는 뜻으로, 바닷속에서 너무 오래 머물다가 자기 호흡의 한계를 지나버려 물속에서 쉬는 숨을 가리킨다. 물숨을 잘못 먹으면 생명을 잃기도 한다. 베테랑 해녀들 가운데서도 한 해에 몇 명씩 그렇게 삶을 마감한다는데, 왜 그런 일이 벌어지는 걸까?

5~15미터 깊이의 바다에서 물질을 할 때는 올라오는 시간까지 감안해 호흡을 남겨두어야 한다. 그런데 막 올라오려는 순간, 전복 같은 '좋은 물건'이 눈에 띄

는 경우가 있다. 생각 같아서는 그 위치를 기억해두고 일단 올라왔다가 다시 내려가서 채취하면 될 듯싶지만, 사실상 그것은 불가능하다고 한다. 지금 따지 못하면 그냥 놓치고 마는 것이다. 바로 그런 상황에서 무리를 하다가 물 위로 올라올 때 호흡이 모자라서 생명이 끊어지는 비극이 발생한다. 아무리 경험이 풍부하고 기술이 뛰어난 고수라 해도, 욕망을 다스리지 못하면 변을 당하는 것이다.

이 다큐멘터리의 영어 제목이 의미심장하다. 'A Little Bit More(조금 더)'. 결정적인 타이밍에 멈추지 못하고 살짝 오버하는 것이 화근이 된다는 말이다. 이러한 진실은 우리의 삶과 사회에서 거듭 확인된다. 그러니 유혹이 될 만한 상황을 원천적으로 봉쇄하는 것, 그럼으로써 과욕의 씨앗이 싹을 틔우지 않도록 차단하는 것이 중요하다. 로마의 작가 퍼블릴리어스 사이러스는 이렇게 말했다.

"강물을 가장 쉽게 건널 수 있는 방법은, 강이 시작되는 곳에서 건너는 것이다."

129

아무리 넓고 큰 강이라 해도 수원지 근처에서는 졸졸 흐르는 시냇물이다. 생활 습관이든 조직의 관행이든, 뭔가 큰 문제가 발생하는 경우에도 처음에는 미미한 오류나 흐트러짐에 불과하다. 그 시작 지점에서 바로잡지 않아 심각한 사태에 봉착하게 된 것이다. 그러니 위태로운 지경에 이르기 전에 마음을 점검하고 단속해야 한다. 하지만 금욕주의적인 접근만으로는 한계가 있다. 욕심에 맞서 겨루기보다 더욱 소중한 삶의 가치를 발견하고 추구하는 것이 현명하다.

오래된 동요 〈섬집 아기〉에서 소중한 실마리를 얻는다. 이 노래는 대개 1절만 부르고 마는데, 핵심적인 메시지는 2절에 담겨 있음을 정재찬 교수에게서 배웠다.[17]

'아기는 잠을 곤히 자고 있지만 / 갈매기 울음소리 맘이 설레여 / 다 못 찬 굴바구니 머리에 이고 / 엄마는 모랫길을 달려옵니다'

이 노래의 백미는 바로 '다 못 찬 굴바구니'라고 한다. 굴을 더 딸 수 있고, 그렇게 하면 돈을 더 벌 수 있다. 하지만 아이를 보고 싶은 설렘에 아직 채워지지 않은 굴바구니를 기꺼이 머리에 이고 달려온다.

초고속 압축 성장의 신화를 이룩한 한국 사회는 여전히 성과주의의 굴레에 갇혀 있다. 그래서 아기가 울든 말든 '굴바구니'를 꽉꽉 채우기에 여념이 없다. 역사상 유례가 없는 저출산도 돌봄을 위한 시간적·정신적 잉여를 남겨두지 않고 돈벌이에 전력투구한 업보라고 할 수 있다.

출산과 육아만의 문제가 아니다. 소소한 일상을 가꾸며 자기를 돌보는 것이 행복인데, 이를 위해서는 여분의 시간과 에너지가 필수적이다. 내밀한 세계가 빈궁할수록 외적인 성취에 매달리고, 그러다 보면 오버페이스를 하다가 탈이 나기 쉽다. 현대인이 앓는 병은 대부분 지나친 데 원인이 있다. 지나치게 먹고 마시고, 지나치게 일하거나 공부하고, 지나치게 걱정하고, 스마트폰에 지나치게 매달리고….

일상 속의 담담한 여백, 넉넉한 마음의 품이 있어야 한다. 꽉 채워지지 않은 그릇에서 생명의 힘이 자라난

완고함이 아니라 견고함으로

다. 그러니 약간의 부족함과 허기를 즐기자. 결핍을 꾸준하게 훈련하자. 적게 소유하고 풍요롭게 존재하는 기쁨이 선물로 주어진다.

줏대

껍데기를
벗으려면

정치인들을 개인적으로 만나 대화해보면 하나같이 똑똑한 사람이더라는 이야기를 종종 듣는다. 실제로 방송에 나와 대담이나 인터뷰하는 것을 보면 총명한 정치인이 생각보다 많다고 느껴진다. 그런데 그들이 무리를 이뤄 벌이는 행동은 어리석음의 극치로 치닫기 일쑤다. 조직의 논리가 합리적 의견을 묵살하고, 권력에 대한 욕망이 부조리한 처사를 묵인하기 때문이리라. 대화와 교류의 시너지로 지혜를 빚어내는 '집단 지성'이 아니라, 공동의 허상에 사로잡혀 어이없는 오류를 범하는 '집단 사고'에 빠지는 것이다. 그 저변에는 특정 세력을 절대 신봉하는 지지자들의 갈채가 있다.

정치 영역에서만 벌어지는 일이 아니다. 실존적 불안이 가중되는 현대 사회에서 오롯이 개인으로 살아가기란 너무 어렵다. 그래서 단체나 조직에 가입해 정체성을 세우면서 사회적 자아를 확인한다. 학연이나 지연 같은 네트워크를 유지하는 데 공을 들이고, 관련된 모임에 열심을 내면서 외로움을 달랜다.

문제는 그러한 행위가 타인에 대한 지나친 의존으로 흐르고, 집단이나 조직을 가장 으뜸으로 여기는 집체주의에 빠지는 경우다. 거기에서 '나'는 없고 '우리'만 있다. 리더는 보이지 않고 보스만 의기양양하다. 그런 패거리 행태에 매몰될수록 삶은 비루해진다.

멋지게 나이 든다는 것은 무엇일까. 좀 더 자유로운 인간이 되는 것이 아닐까. 어떻게? 소아병적 욕망을 덜어내면서 자애로운 품성을 가꾸고, 부족주의적 정서에 거리를 두면서 내밀한 세계를 다져가야 한다. 고독 속에서 마음의 심연을 탐구하는 즐거움, 황동규 시인이 '홀로움'이라고 부른 '환해진 외로움'을 음미할 수 있는 시공간이 넉넉해야 한다. 그러한 경지에서 타인과 맺는 인연은 아집과 독단을 키우는 에고의 동맹이 아니라, 삶의 깊이와 넓이를 더해주는 우애의 만남이다. 이해관계와 뒷담화로 접착되는 야합이 아니라, 상호 연민과 덕담으로 연결되는 공동체와의 연대다.

정치 무대에서 펼쳐지는 드라마는 우리의 자화상을 비춰 보는 거울이 될 수 있다. 나는 지인들과 무엇을 공유하면서 어떤 영향을 주고받는가. 자칫하면 저열한 보호막에 안주하면서 더불어 퇴행할 수 있다. 미망의 굴레에서 벗어나 동반 성장하는 길을 선택해야 한다. 껍데기는 가라. 허세의 각질을 벗겨내고, 온전한 삶으로 나아가고 싶다. 그러려면 자기 안에 깃든 나약함과 두려움을 정직하게 대면하고, 각자의 그림자와 화해할 수 있도록 서로를 품어주어야 한다. 스스로를 있는 그대로 수용할 때 새로운 생애 진입로가 보이기 시작한다. 겸손하면서도 줏대 있는 인격으로 성장해간다. '확

완고함이 아니라 견고함으로

신에 찬 겸손함(confident humility)', 잘못의 가능성을 늘 인정하면서도 자기에 대한 신뢰를 잃지 않는 태도가 요구된다.

그릇된 상황 판단에서 비롯되는 어이없는 실수는 누구에게나 일어날 수 있다. 가방끈이 길어도, 나이가 들어도 그런 오류를 흔히 범한다. 아니, 학력과 연령이 높을수록 오히려 더 함정에 빠지기 쉬운 듯하다. 에고가 점점 단단해지고, 욕망이 더욱 강렬해지기 때문이다. 자기 보존이나 권력 확장의 충동에 사로잡혀 현실을 외면하거나 왜곡하는 인지 장애가 일어난다. 아집과 독단의 아성을 쌓으며 거기에서 부풀려지는 허상에 매달리고, 신기루 같은 목표 지점을 향해 내달린다.

물론 그 질주는 지속 가능하지 않다. 현실의 엄연한 이치가 작동하면서 스텝이 꼬이기 시작한다. 그런데도 한계를 인정하지 않고 무모하게 밀어붙이다가 파국을 맞는다. 위기가 감지되면 단호하게 멈춰 서서 행로를 면밀하게 점검해야 한다. 그러므로 진짜 위기는 위기를 인지하지 못하는 어리석음이다. 인지했으면서도 애써 부인하는 자기기만이다. 강박적 은폐와 자승자박의 악순환은 집단을 통해 증폭되기 일쑤다.

현실에 대한 냉정한 분별력, 그리고 자아에 대한 여유로운 시선이 필요하다. 실수와 패착을 솔직하게 인정하는 용기를 함께 북돋아야 한다. 그런 차원으로 존재가 옮아가면, 위기는 걸림돌이 아니라 디딤돌이 될 수 있다. 상시적인 비상의 시대를 건너가는 지혜는 거기에서 우러나온다.

이순

귀를 밝고
부드럽게

어느덧 60대에 접어들었다. 한 세대 전까지만 해도 환갑잔치를 열었지만, 수명이 길어지고 사람들이 점점 젊어지면서 이제는 거의 사라진 풍습이 되었다. 그렇긴 해도 앞자리가 '6'으로 바뀌는 소감은 각별하다. 아무리 장수한다 해도 살아갈 날이 살아온 날보다는 짧다는 사실, 그리고 머지않아 법적으로 노인이 되는 현실이 새삼스럽게 느껴진다. 생애의 중요한 전환점을 통과하면서 스스로에게 물어본다. 나는 지금 어디에서 있고, 어디로 향해 가는가. 타인들에게 나는 어떤 존재이고, 세상은 내게 무엇을 요구하는가. 부끄럽지 않은 노년을 맞이할 준비가 되어 있는가.

《논어》에서 공자는 나이에 따른 인생의 과업을 설파하면서 육십 세를 귀가 순해지는 '이순(耳順)'의 시기라고 했다. 왜 귀에 주목했을까. 귀는 대다수 동물에게 육체적 생존은 물론 사회생활에서도 핵심적인 감각 기관이다. 환경의 변화를 감지하고 다른 개체들과 소통하는 데 청각이 중추적인 역할을 하는 것이다. 사람도 마찬가지여서 면적당 신경 다발의 수가 귀에 가장 많은데, 언어가 고도로 진화하면서 청각의 기능은 더욱 긴요해졌다. 인간의 말은 매우 복잡한 신호 체계다. 억양, 어조(톤), 강세, 빠르기, 한숨 등의 미묘한 뉘앙스를 감지하면서 상대방의 목소리에 깃들어 있는 감정을 알아차려야 한다. 그래서 어린 시절에 청각이 손상되면 공감 능력을 키우기가 어렵다고 한다.

그런데 청각에 아무 문제가 없는데도 제대로 듣지 못하는 경우도 많다. '귀 있는 자는 들을지어다'라는 예

완고함이 아니라 견고함으로

수의 깨우침은 마음이 강퍅해진 이들을 향했다. 나이가 들수록, 또는 지위가 높아질수록 더 경직되는 듯하다. 말소리는 잘 들리는데 말귀를 못 알아듣는다. 문장은 정확하게 이해하지만 그 안에 담긴 속뜻을 놓친다. 에고를 띄워주는 감언(甘言)에는 팔랑귀가 되고, 이견이나 쓴소리에는 마이동풍(馬耳東風)이다. 상대방을 헤아리는 촉수가 무디어지고 자신의 경험과 생각을 절대화하면서 인간관계는 점점 메말라간다. 특히 후배 세대와 접점이 줄어들면서 노후의 고립과 외로움이 깊어진다.

이런 맥락에서 '이순'의 뜻을 되새기게 된다. '귀가 순하다'는 것은 무슨 말일까. 다른 사람의 말이 귀에 거슬리지 않고, 너그러운 마음으로 깊이 이해하는 경지라고 일반적으로 풀이된다.《논어》의 영문 번역본을 보면 "I heard them with docile(유순한) ear."라고 되어 있다. 주희의 주석을 보면 '소리가 귀에 들어가면 마음으로 금방 알아차리게 되어, 어기거나 거스르는 것이 없다. 때문에 아는 것이 지극해지고, 생각하지 않아도 얻게 되는 것'[18]이라고 해석했다. 마음이 순화되어 진실을 더 잘 포착하고 수용하게 되었다는 뜻이다. 도올 선생에 따르면 '아무리 자신을 욕하는 소리를 들어도 화가 나지 않고, 세파의 거슬리는 일들이 귓전을 때려도 감정의 동요가 없는'[19] 상태라고 한다. 동양철학자 신정근 교수도 '오랜 경험으로 인해 누가 무슨 말을 하더라도 그때마다 심정이 상하지 않고 편하게 듣게 되었다'[20]라는 뜻으로 해석한다. 정치학자로서 유교 사상을 연구해온 배병삼 교수는 '상대적 진리, 부분적 가치들을 두루 긍정하는 고요하고 그윽한 지경'[21]이라고 설명한다.

나의 귀는 부드러운가. 편협한 생각에 붙들려 반대 의견이나 쓴소리에 귀를 닫아버리지는 않는가. 마음이 경직되어 '가청 주파수'의 범위가 좁아지지는 않았는가. 과잉 정보와 허언들로 인한 난청, 내적인 횡설수설의 이명(耳鳴)에 시달리지 않으면 좋겠다. 그래서 완고함으로 퇴행하지 않고 견고함으로 진일보하고 싶다. 그러려면 유유상종에 안주하지 않고 화이부동(和而不

同)의 역설을 누릴 줄 알아야 한다. 휩쓸리고 치우치지 않으려면 차이가 빚어내는 긴장과 불편함을 견뎌야 한다. 귀에는 신체의 평형을 담당하는 전정기관이 있어서, 어지럼증의 80퍼센트가 그 기능 부전에서 비롯한다는 사실이 각별한 의미로 다가온다.

'그대 음성에 내 마음 열리고', 생상스의 오페라 〈삼손과 데릴라〉에서 데릴라가 부르는 노래의 제목이다. 그런데 경청의 신비는 연인들 사이에서만 경험되는 것이 아니다. 갈등 해결 전문가 더글러스 스톤은 이렇게 말한다.

"사람들은 자기를 이해해주고 이야기를 잘 들어주고 존중해준다고 생각하는 경우 변화할 가능성이 높다. 자신이 변화하지 않아도 된다는 자유를 느낄 때 변화의 가능성은 더욱 높아진다."[22]

아이들이 어른의 말을 안 듣는 것보다 어른들끼리 서로의 말을 안 듣는 것이 더 심각한 시대다. 내면에 가득한 욕심과 두려움을 걷어내고 잔잔한 수면이 될 때, 그래서 참 자아의 소리가 들려오기 시작할 때, 우리는 다른 사람의 목소리에 귀 기울일 수 있다. 마음과 마음이 순조로운 흐름으로 연결되면서 삶은 유복해진다.

베네딕트 수도회에서 수도원장의 의무는, 수도원에서 가장 어린 자의 말을 경청하는 것이라고 한다. 나이가 들면서 사려와 판단이 성숙하려면 귀를 크게 열어야 한다. 흔히들 '마음의 소리에 귀 기울이다'라는 표현을 쓰는데, 물리적인 신호를 넘어서 내면세계와 연결되는 청력도 중요하다. 성스러울 '성(聖)' 자에 '耳'가 들어가 있듯이, 성인(聖人)은 귀가 밝은 사람이다. 지고한 경지에 오르기 위해서는 잘 들어야 한다. 또 '포섭'이나 '통섭'의 '섭(攝)' 자는 '끌어당긴다'는 뜻인데, '耳'가 세 개나 들어 있다. 상대방을 끌어들이기 위해서는 귀를 쫑긋 세워야 한다. '총명(聰明)하다'라는 단어에서 '총(聰)'은 '귀가 밝다'는 뜻으로, 여기에도 '耳'가 들어가 있다. 영리하고 명민해지기 위해서는 귀가 열려야 한다. 의학적으로도 귀가 건강하면 혈류가 좋아지고 뇌의 감각도 활성화되는데, 그에 따라 생각이 맑아지고 심신이 젊어진다고 한다. 드넓은 세계로 귀가 트이면 우리는 한결 우아하게 나이 들어갈 수 있으리라.

　"지혜는 듣는 데서 오고, 후회는 말하는 데서 온다."
영국의 격언이다.

경청

마음의 속도를
늦추고

우리는 역사상 가장 뛰어난 통신 기기를 휴대하고 있다. 요즘 사용되는 스마트폰의 성능은 1969년 우주선 아폴로 11호를 달로 보낼 때 사용했던 컴퓨터에 비해 10만 배 이상이라고 한다. 그 기기 덕분에 우리는 언제 어디서든 지인들과 곧바로 접속할 수 있고, 카톡방이나 게시판을 통해 엄청난 사람들과 메시지와 정보를 무한정으로 공유할 수 있다. 눈앞에 기이한 광경이 펼쳐지면 고화질 동영상으로 찍어 바로 올릴 수도 있다.

그런데 이토록 놀라운 미디어 환경이 갖추어졌건만, 진정한 대화와 소통은 오히려 더 어려워지는 듯하다. 왜 그럴까?

여러 원인을 생각해볼 수 있겠지만, 비대면 소통이 늘어난 것이 중요한 원인으로 거론된다. 그것을 뒷받침하는 뇌과학 연구가 일본 도호쿠(東北)대학에서 이뤄졌다. 서로 처음 만나는 다섯 명의 대학생을 대상으로 한 가지 실험을 했다. 그들의 머리에 특수한 전기 장치를 쓰도록 했는데, 대화를 나눌 때 활발하게 움직이는 전전두엽의 혈류량을 측정하기 위함이다. 이를 통해 알아보려는 것은 두뇌 활동의 동기(同期, synchronizing) 현상이다. 뇌가 마치 싱크로나이즈드 수영선수들처럼 똑같이 움직이는 현상을 말한다. 뇌의 혈류량은 각자의 뇌의 활동 상태에 따라서 제각각으로 변하지만, 함께 이야기에 몰입하면서 감정이 비슷하게 변화하면 거기에 연동하여 뇌의 혈류량도 닮은 꼴로 오르고 내린다. 즉 동기화를 통해 감정이 충분히 공유되고 있음을 확인할 수 있는 것이다.

연구진은 두 가지 상황으로 나누어 실험을 했다. 먼저 다섯 명이 둘러앉아 대면으로 각자의 일상사와 최근의 경험 등을 나누었다. 그런 다음에 각각 다른 방에 혼자 앉아 비대면 화상 회의로 대화를 계속 이어갔다. 분위기는 얼핏 별다른 차이가 없어 보였다. 하지만 뇌 활동의 동기화를 비교해보니 놀라운 차이가 드러났다. 대면 상황에서는 싱크로율이 매우 높았는데, 비대면 상황에서는 현저히 낮아져서 아무 대화를 나누지 않을 때와 거의 비슷한 수준이었다. 온라인 공간은 정보를 교환하는 데는 문제가 없지만 감정의 공유는 쉽지 않음이 확인된 것이다.

　　우리가 종일 스마트폰을 손에서 떼지 못하고 여러 사람과 수시로 메시지를 교환하면서도 공허함과 외로움을 자주 느끼게 되는 까닭을 알 듯하다. 정보의 양이 늘어날수록 감정의 통로는 좁아질 가능성이 높다. 잔뜩 밀려 있는 카톡 메시지와 인스타그램 등에 답을 달고 '좋아요'를 분주하게 누르다 보면 마치 업무 처리를 하는 것 같은 느낌이 든다. '영혼 없이' 하트와 느낌표

버튼을 기계적으로 누르기 일쑤인 것이다. 두뇌에 정보 과부하가 걸리면 정서 회로가 제대로 작동하기 어렵다. 더구나 메시지를 주고받으면서 얼굴에 아무런 표정을 짓지 않기에 감정의 스위치도 꺼놓게 된다.

감정의 둔화는 대화에서만이 아니다. 요즘 영화나 드라마를 두 배속으로 보는 젊은이들이 많다고 한다. 워낙 봐야 할 작품은 많은데 시간은 부족하니 그렇게 하는 것이다. 인터넷 강의를 들으며 익숙해진 습관이리라. 장편 드라마는 아예 줄거리를 요약해놓은 유튜브 짤 영상으로 대신하는 경우도 많다. 그렇게 내용을 파악해두면 대화 중 그 영화나 드라마가 언급될 때 맞장구를 칠 수 있다. 하지만 작품을 감상했다고 할 수는 없다. 단지 작품에 대한 정보를 빠르게 훑어본 것뿐이다. 그러한 스캐닝에서 놓치는 것은 디테일이다. 영상의 구도에 담긴 의미나 등장인물들이 주고받는 대사의 미묘한 뉘앙스를 제대로 맛보지 못하는 것이다.

"호흡도 대사의 일부다."

박찬욱 감독의 말이다. 영화나 드라마는 시간의 예

술인데, 마음의 속도를 거기에 맞추지 않는다면 작품의 섬세한 결을 감지할 수 없다. 음악을 두 배 속도로 듣는다면 아무 의미가 없는 것과 흡사하다. 사람과 사람이 나누는 이야기도 마찬가지 아닐까. 말과 말 사이에 잠깐 흐르는 침묵에도 중요한 메시지가 담길 수 있다.

언표되지 않은 뉘앙스를 포착하려면 마음의 속도를 늦춰야 한다. 만일 상대방이 어떤 사람과의 갈등을 더듬더듬 토로하는데, 성급하게 "그래서 결론이 뭐야? 그 사람이 좋다는 거야, 싫다는 거야?"라고 다그친다면 대화는 중단되기 쉽다. 인간의 마음은 그렇게 간단한 언어로 담아내기에는 너무나 복잡하고 미묘하다. 우리의 감정은 스스로도 헷갈릴 정도로 모순투성이다. 그 모습 그대로 지지하고 수용해주어야 마음이 회복되기 시작한다. 지금 시대에 절실한 것은 바로 그러한 깊은 경청이다.

프로파일러 권일용은 '묻지마 살인'을 한 범죄자 여러 명을 심층 인터뷰한 경험이 있다. 단지 상대방이 자기를 쳐다보았다고, 또는 다른 사람들의 행복한 모습에 화가 나서 공격하는 심리는 무엇일까. 그는 프로파일링을 마치면서 그들에게 마지막으로 꼭 하고 싶은 말이 있는가를 항상 질문한다고 한다. 그때 가장 많이 들은 답변이 이것이다.

"누군가에게 내 이야기를 이렇게 오래 한 것도 처음이고, 누군가가 이렇게 오래 들어준 것도 처음이다."[23]

이 말은 그들의 고립된 심리를 가장 잘 대변해준다. 그만큼 자신의 말을 누군가가 경청하는 관계는 최소한의 인간성을 지탱하는 보루라고 할 수 있다.

'지금 내 말 듣고 있니?' 이 말을 영어에서는 'Are you with me?'라고 표현한다. 아주 간단하고 쉬운 문장이지만 의미는 사뭇 깊다. 경청한다는 것은 상대방과 '함께 있는' 것이다. '온전한 주의(total attention)'를 기울이면서 그 존재에 자신을 포개는 것이다. 귀를 기울인다는 것은 서로가 기댈 수 있도록 어깨를 내어주는 몸짓이다. 그런 자리에서 마음은 이어지고 자라난다.

"판단과 평가가 없는 응시가 최고의 지성이다." 인도의 사상가 크리슈나무르티의 말이다.

지성이
깃드는

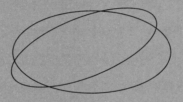

삶

모든 서재는 일종의
자서전이다.

●

알베르토 망겔

교학상장

후배에게
배운다

"인간은 파멸할지언정 패배하지는 않는다."

헤밍웨이의 《노인과 바다》에 나오는 주인공의 독백으로, 작품의 메시지를 압축하고 있는 문장이다. 널리 잘 알려진 이 소설의 줄거리는 비교적 간단하다. 멕시코만에서 고기잡이로 생계를 이어가는 노인이 80일 이상 물고기를 한 마리도 잡지 못했는데, 어느 날 엄청나게 큰 청새치가 미끼를 물었다. 노인은 막강한 힘으로 저항하는 청새치와 꼬박 이틀을 싸워 제압한 뒤 낚싯

줄에 매달아 끌고 오기 시작한다. 그러나 기쁨도 잠시, 청새치의 몸에서 흘러나온 피 냄새를 맡고 상어떼가 몰려들었고, 노인은 그들과 사투를 벌였지만 결국 상어떼는 청새치를 먹어치워 버린다. 결국 노인은 앙상한 뼈만 끌고 돌아오게 된다.

그런데 소설에서 '노인과 바다' 못지않게 중요하게 등장하는 관계가 있다. 노인의 고기잡이를 도와주는 소년과의 신실한 우정이다. 소년은 아버지의 성화에 못 이겨 다른 배로 옮겨 타기는 하지만 노인에 대한 관심과 지지의 끈을 놓지 않는다. 노인이 초췌한 모습으로 청새치의 잔해만 끌고 돌아왔을 때, 소년은 극진한 정성으로 그를 보살펴준다. 노인은 소년에게 그동안 물고기를 잡았는지 물었고, 네 마리를 잡았다는 대답에 칭찬을 해준다. 이에 소년은 이제 노인과 둘이 나가서 물고기를 잡자고 제안하지만, 노인은 자신의 운이 다했다면서 사양한다. 그러자 소년은 이렇게 말한다.

"운이란 게 어디 있어요. 행운은 제가 가지고 갈게요."

부모님이 뭐라고 하시지 않을까 하고 노인이 걱정
하자, 소년은 다시 말한다.

"상관없어요. 전 어제 두 마리 잡았어요. 그래도 아
직 배울 게 많으니까 이제부터 함께 나가요."

그리고 소년은 노인의 손에 난 상처가 마음에 걸려
또 한마디를 한다.

"빨리 낫지 않으면 안 돼요. 전 할아버지에게 배울
것도 많고, 뭐든 다 가르쳐주셔야 하니까 빨리 나으셔
야 해요. 무척 고생 많이 하셨죠?"

그러면서 음식과 약, 그리고 노인이 부탁한 밀린 신
문들을 가지러 나간다. 이후의 마지막 장면을 작가는
이렇게 묘사한다.

> 소년은 문밖으로 나와 닳아빠진 산호초 길을 걸어가
> 면서 또 울고 있었다. (…) 길 위 판잣집에서는 노인
> 이 다시 잠들어 있었다. 여전히 엎드린 채였다. 소년
> 이 곁에 앉아서 그를 지켜보고 있었다. 노인은 사자
> 꿈을 꾸고 있었다.

지성이 깃드는 삶

인간이 파멸할지언정 패배하지 않는다는 노인의 신념은 강인한 품성에서만 우러나온 것이 아니다. 마을 사람들이 모두 외면하는 자신을 소년은 묵묵하게 지켜보면서 곁에 머물지 않았는가. 소년은 아무것도 잡아오지 못한 노인에게서 배울 것이 많다면서 손을 내민다. 그 겸허한 믿음과 사랑이 노인의 '파멸'을 '패배'로부터 지켜준 것 아닐까. 더 이상 물고기를 잡을 기력도 남아 있지 않은 생애 막바지에 이르렀지만, 여전히 자신에게서 무엇인가를 배우고자 하는 후세의 존재로 인해 노인은 살아 있음의 축복을 누리고 있다.

그러한 관계에서 배움은 쌍방향으로 일어날 때가 많다. 연소자가 연장자에게서 연륜에서 우러나오는 능숙한 몸짓이나 탁월한 통찰력을 배운다면, 연장자는 연소자에게서 사물에 대한 순수한 호기심과 역경에 아랑곳하지 않고 샘솟는 생명력을 배운다. 그 교차 지점에서 세상을 바라보는 눈이 새롭게 열려 자아를 전혀 다른 각도에서 바라볼 수 있게 된다. 고단하고 남루한 현실에 색다른 시간의 무늬를 아로새길 수 있는 여지를 발견한다.

　연령을 가로질러 우정을 나누는 관계는 우리 전통 사회에서도 많이 찾아볼 수 있다. 조선의 유학자들은 나이 차이가 꽤 많은 나는데도 친구와 같은 관계를 종종 맺었다. 스물여섯 살이나 차이 나는 퇴계 이황과 고봉 기대승이 오래 이어간 교류가 가장 잘 알려진 사례다. 두 사람은 직접 만나지 못하면서도 13년간 110통 이상의 편지를 교환하면서 생각을 나누었다. 유명한 사단칠정(四端七情) 논쟁이나 정치 현안에 대한 토론뿐 아니라 개인적인 일상사도 폭넓게 공유했다. 퇴계는 아들뻘 되는 고봉을 학문적 도반으로 깍듯하게 예우하면서 대화를 주고받았다. 그들의 편지는 수없이 필사되어 다른 선비들에게도 공유되면서 조선 중기의 유학에 활력을 불어넣었다.

　조선 후기에도 이러한 교류가 종종 이뤄졌다. 18세기에 당시 지성계에서 막강한 영향력을 행사한 인물로 김용겸이 있다. 그는 천문역학, 예학, 음운학, 병학, 서화 등 다방면에 걸쳐 엄청난 독서를 하고 다른 학자들과 대화를 나누면서 한양 지식인들의 허브가 되었다. 박지원, 홍대용, 이덕무, 박제가 등이 그와 긴밀하게 소통했고, 특히 황윤석이라는 함경도 출신의 청년과 20년 동안 깊은 교분을 나누었다. 그들 모두 김용겸과는 스무 살 정도 나이 차이가 났지만, 사제관계라기보다는 배움을 사랑하는 지기(知己)로서 학문적 네트워크를 맺었다고 평가된다.[24]

또 하나의 주목할 만한 사례가 있다. 조선 최초의 '전문 산악인'으로 평가받는 정란과 당대 최고의 화가 김홍도 사이의 교류다. 양반가에서 태어난 정란은 어릴 적부터 학문에 매진하다가 서른 살에 공부를 접고 홀연히 길을 떠나 전국의 높은 산을 주유했다. 새로운 세계와의 만남에 매료되었던 것이다. 그렇게 돌아다니면서 여러 문인과 화가들을 만나 교분을 나누었는데, 특히 김홍도와 맺은 인연이 돋보인다. 자신이 백두산이나 금강산을 유람한 행적을 김홍도에게 전하면서 그림을 그려달라고 부탁했는데, 그 그림들 가운데 일부가 지금까지 전해진다. 스무 살이나 차이가 나지만 예

술적인 감흥을 깊게 나눈 우정이 문화사의 한 페이지를 장식한 것이다.[25]

전혀 별개의 영역 사이에서 교학상장(敎學相長)이 이뤄지기도 했다. 영화 〈자산어보〉(2021)를 통해 널리 알려진 정약전과 창대의 만남을 보자. 정조가 서거한 직후에 벌어진 신유박해로 흑산도에 유배를 가게 된 정약전은 그곳에서 창대라는 청년과 친분을 맺었는데, 정약전은《자산어보(玆山魚譜)》서문에서 그 인연에 대해 이렇게 쓰고 있다.

> 내가 섬사람들에게 이것저것을 물어보아 어보(魚譜)를 짓고자 했으나 사람마다 말이 달라 딱히 의견을 좇을 만한 이가 없었다. 그런데 섬 안에 덕순 장창대라는 사람이 있었으니, 문을 닫고 손님을 사절하면서 독실하게 옛 서적을 좋아했다. (…) 성품이 차분하고 꼼꼼해 귀와 눈에 수용되는 모든 풀, 나무, 새, 물고기 등의 자연물을 모두 세밀하게 살펴보고 집중해서 깊이 생각해 이들의 성질과 이치를 파악했기 때

문에 그의 말은 신뢰할 만했다.[26]

당대 최고의 유학자 정약전은 창대에게 학문을 가르치고, 자연 지식을 방대하게 축적해온 창대로부터 바다생물에 대해 배운다. 그 결과물로 우리나라 최초의 해양생물 백과사전이 탄생했다. 나이, 신분, 학력, 전문 영역이라는 높고 견고한 장벽을 넘어서면서 이뤄낸 성과다. "결국 나는 그를 초청하고 함께 숙식하면서 함께 궁리한 뒤, 그 결과물을 차례 지워 책을 완성하고서 이를 '자산어보'라고 이름을 지었다"라는 서문의 한 대목에 비춰 볼 때, 두 사람의 관계는 동학(同學)에 가까운 것으로 평가된다.

특히 기존의 성리학적 질서에 의문을 제기한 실학자들에게는 나이에 따른 서열의식이 더욱 희박했을 것으로 짐작된다. 또 다른 예로 연암 박지원의 생애에서도 그런 자취가 많이 발견된다. 그는 나이뿐 아니라 신분의 경계도 아무렇지 않게 뛰어넘었다. 고전평론가 고미숙 선생의 이야기를 들어보자.

연암은 청년기에 이미 노인들과 우정을 나눈 바 있다. 우울증을 앓을 때 그가 주로 만난 이들은 괴짜 이야기꾼 민옹과 분뇨 장수를 하던 예덕 선생, 신선술을 닦으며 바람처럼 떠돌던 김신선 등이다. 이들은 모두 70대, 90대 노인이었다. 당시는 위아래 10년 정도는 친구로 여기던 풍토였지만, 그걸 감안해도 이 청년의 우정은 과감하고 파격적이다. (…) 이제 100세 시대를 맞이하여 세대 간 소통은 필수다. 청년은 노년과, 노년은 청년과 진정으로 친구가 되어야 한다. 디지털이 지배하는 21세기 문명은 청년들에게도 처음이지만 노년층한테도 처음 맞는 세상이다. 호기심 가득한 시선으로 배우고 탐구해야 한다. 그야말로 청년과 노년이 친구가 될 수 있는 절호의 찬스다.[27]

불과 몇십 년 전까지만 해도 송년회를 '망년회(忘年會)'라고 불렀다. 한 해를 잊어버리자는 뜻으로, 그만큼 힘겨운 세월을 살았음을 반증한다. 그런데 그런 의미

지성이 깃드는 삶

의 '망년'은 일본에서 들어온 개념이고, 한국의 전통에서는 다른 의미였다. 망년지우(忘年之友) 또는 망년지교(忘年之交)라는 말이 있다. '나이를 잊고(나이에 구애받지 않고) 허물없이 사귄 벗'을 뜻하는 말이다(이와 대비되는 '평교平交'라는 말은 나이가 서로 비슷한 사람끼리 사귀는 것을 가리킨다). 이렇듯 과거에는 나이 차가 있어도 서로를 존중하면서 친밀감을 나누는 친구로 지내는 경우가 흔했다.

그러한 관계는 현대 사회에서도 간간이 일어난다. 〈최강 야구〉라는 텔레비전 예능 프로그램을 즐겨 본 적이 있다. 프로팀에서 활약하다가 은퇴한 선수들로 구성된 '몬스터즈' 팀이 고등학생, 대학생, 18세 이하 국가대표팀 등과 시합을 벌인다. 후배들과의 부담 없는 친선 경기가 아닐까 싶지만, 매번 필승의 각오로 치열하게 대결한다. 7할 승률을 목표로 했다는데 결코 만만한 승부가 아니다. 어린 선수들이 '대선배'들과 접전을 벌이는 장면은 여느 프로 경기 못지않게 박진감 넘친다.

무엇보다도 인상적인 것은 후배들의 탁월한 플레이에 경탄하면서 한 수 배우는 태도다. 모든 스포츠 경기 자체가 자연스럽게 학습을 수반하지만, 나이와 경험에서 한참 아래인 팀에 패한 뒤 자신의 약점을 확인하는 모습은 교학상장의 진수를 보여주는 듯하다. 서로 가르치고 배우며 함께 성장하는 모습이 신선하게 다가온다. 나이의 차이가 수직적 서열을 자동 생성하는 문화에서는, 관계의 각도를 약간만 바꿔도 새로운 기운이 순환한다. 그러한 에너지의 변환은 어느 분야에서든 가능하다.

"나이 들면 바둑에 필수인 순발력과 집중력이 떨어진다. 나는 늙었고, 내가 하수다. 두 점씩이나 놓아야 하는 하수가 맞으니 후배를 떠나서 고수에게 배워야 하는 게 당연하다. 후배에게 배우는 게 하나도 부끄럽지 않다."[28]

한국 바둑계의 거목 서봉수가 한 인터뷰에서 했던 말이다. 갈수록 어렵고 모르는 것투성이라면서 끊임없이 정진하는 그의 노년은 공부의 즐거움으로 가득 차

있다.

지금처럼 동갑내기 중심으로만 교우관계가 맺어지면서 나이에 따라 위계서열이 형성된 것은 근대 학교 체제가 확립되면서부터다. 이제 그 경직된 틀을 벗어나야 하는 시대가 되었다. 빨라지는 은퇴 후에 길어진 여생을 어떻게 꾸려갈 것인가. 고령사회에서 많은 사람에게 곤혹스러운 과제다.

몬스터즈 팀의 활약과 서봉수 9단의 삶은 소중한 실마리를 던져준다. 자리에서 물러났다고 해도 현역 시절에 간직했던 열정을 내려놓지 않는다면 길은 새롭게 열릴 수 있다는 것. 까마득한 후학에게서 기꺼이 배우겠다는 겸허함으로 사회적 입지를 넓혀갈 수 있다는 것. 핵심은 지금 몸 담고 있는 세계에 오롯한 마음이 담겨 있는가일 것이다. 자신의 일에 대한 깊은 애정은 지속 가능한 성장의 자양분이 되기 때문이다.

늘어난 수명은 점점 더 넓은 범위의 세대 사이에 다양한 네트워킹의 기회를 열어준다. 경계를 유연하게 가로지르면서 이뤄지는 배움과 협업은 의외의 부가 가치를 창출한다. 그 만남은 또한 각자의 인생에 반짝이는 선물이 될 것이다.

"높은 사람이 아랫사람이 말하는 것을 듣고, 노인이 젊은이에게 귀 기울이는 세계는 축복받아야 한다."《탈무드》의 한 구절이다.

쓴소리

도전받는
즐거움

여러 권의 책을 출간해왔지만 글쓰기는 언제나 난관의
연속이다. 특히 전체적인 흐름을 다듬고 마무리하는
단계에서 뒷심이 부족함을 절감한다. 오랫동안 집필하
고 나름 치밀하게 다듬어온 원고인데도, 편집자의 손
에 들어가면 의견을 주고받으면서 대대적인 수정 작업
을 해야 한다. 교정지를 받아볼 때마다 내가 아직도 습
작 단계에 머물고 있음을 새삼 깨닫는다. 부실한 구성,
비논리적인 전개, 사실관계의 오류, 중언부언, 억측과

편향, 과장된 표현 등을 표시한 메모가 가득하다. 문장 수업은 언제나 준엄하고 혹독하다.

글쓰기는 마음을 닦는 수행이기도 하다. 나는 책이나 신문에 실릴 글을 쓰면 가장 먼저 아내에게 보여주고 '심사'를 요청한다. 반응은 대체로 냉랭하다. 열 번이면 일고여덟 번 정도 비판적인 평가를 듣고, 두세 번 정도는 글의 틀 자체를 완전히 바꾸라는 주문을 받는다. 그렇게 손질해서 출판사에 보내도 페이지 가득 빨간 줄이 그어진다. 오랫동안 겪어온 과정이라서 익숙한데도 그런 피드백을 받으면 자존심이 상한다. 하지만 그 얄팍한 감정을 다스리지 못하면 좋은 책을 낼 수 없다.

내가 글쓰기를 계속하는 이유 가운데 하나는 자신을 객관화하는 기회가 되기 때문이다. 교열을 거듭하면서 군더더기를 덜어내고 생각을 치밀하게 다질 수 있다. 부족함을 지적받을 때 자괴감을 느끼지만, 현재 수준을 확인하면서 더 나은 지성으로 거듭나는 통과의례의 괴로움으로 받아들인다. 그 깨달음을 삶에도 적용하려고 애쓴다. 나의 사고방식, 말과 행동, 일상의 습관 등에서 크고 작은 결함을 정직하게 비춰줄 수 있는 지인들과 수시로 접속하는 것이다.

연령에 따른 위계서열이 강한 한국 사회에서 나이가 든다는 것은 자기에게 잔소리해줄 사람이 줄어드는 것을 의미한다. 반면에 내가 잔소리를 할 수 있는 대상은 늘어난다. 그래서 점점 경직된 틀에 갇히면서 퇴행하기 쉽다. 게다가 우리는 타인의 지적이나 문제 제기를 자아에 대한 위협으로 받아들이는 경향이 있다. 하여 그에 대해 구차한 변명을 늘어놓고, 신경질적으로 반응하기도 한다. 그러면서 껄끄러운 사람들을 멀리하고 편안한 사람들만 가까이 둔다. 아집과 독단이 더욱 공고해진다.

그런 현상은 집단에서도 벌어지는데, 특히 정치권에서 극명하게 드러난다. 대의를 위해 모인 사람들이 고루한 진영 논리에 빠져 갈라치기하고 지리멸렬하는 모습은 매우 익숙한 풍경이 되었다. 사소한 차이로 전선을 긋고 자신들의 주장을 절대화하면서 집단 사고의 늪에 빠진다. 측근과 강성 지지자들에 둘러싸여 현실을 직시하지 못하고 리더십을 상실한다. 모든 이견을 척결해버리는 배제의 논리는 스스로의 입지를 허약하게 할 뿐 아니라 민주주의 자체를 위협한다.

그것은 적대감이 만연하는 사회와 맞물려 있다. 비판을 공격으로 동일시하여 곧바로 대립각을 세우는 풍토, 같은 편이면 무조건 '좋아요'를 누르면서 동조하고 지지하는 행태 말이다. 존중을 바탕에 깔면서 일침을 놓아주는 관계가 빈약한 것이다. 대개의 경우 비판에는 애정이 없고, 애정에는 비판이 없다. 그런 상황에서는 정신의 유치함을 벗어나기 어렵다. 자아가 흔들리는 것을 두려워하지 않아야 강인한 지성과 부드러운 인격을 형성할 수 있다. 인본주의 심리학자 칼 로저스는 '반대의 관점에 귀를 기울이는 것만이 인간적으로 성장하는 유일한 길'이라고 했다.

'진실한 말은 아름답지 않고 아름다운 말은 진실하지 않다[信言不美 美言不信]'는 노자의 말처럼, 진실은 직면하기도 어렵고 전해주기도 불편하다. 불편한 진실. 미국 전 부통령 앨 고어가 기후위기에 대해 쓴 책

169

이자 동명의 다큐멘터리 제목인데 이제는 널리 쓰이는 관용구가 되었다. 생각해보면 진실은 많은 경우 불편한 감정을 수반한다. 그것을 견디지 않으면 진실을 밝히거나 깨닫기 어렵고, 삶에서 실현하기는 더욱 힘들다.

생각과 삶이 도전받는 괴로움을 배움의 즐거움으로 전환하면 좋겠다. 자신의 확신에 의문부호를 붙이면서 통념과 상식을 '새로 고침'해보자. 고루한 껍데기가 깨지고 의외의 잠재력과 미덕이 드러나는 경이로움이 거기에 있다. 그것이 가능하려면 '문제'와 '존재'를 분리할 수 있어야 한다. 상대방의 고쳐야 할 점을 선명하게 밝히면서도 사람 자체는 온전하게 수용하고 지지하는 관계, 그 깊은 신뢰에서 내공이 자라난다. 나를 아끼는 사람의 쓴소리가 '꼰대'로 가는 길을 막아준다(영국 BBC 방송에서 '꼰대Kkondae'라는 한국어를 소개하면서 그 뜻을 다음과 같이 풀이했다. '자기가 항상 옳다고 생각하는 나이 많은 사람'). 더불어 성숙하는 도반(道伴)이 나이 듦의 품격을 높여준다.

미국의 저널리스트이자 세계적 베스트셀러인《보보스》의 저자 데이비드 브룩스가 쓴《인간의 품격》[29](원제는 'The Road to Character')이라는 책이 있다. 자기를 부풀려 과시하고 외적인 성취만을 칭송하는 능력주의 시대에, 겸손과 절제 속에서 내면을 단련하고 성숙시키는 길을 구체적인 사례를 통해 안내하는 책이다. 아우구스티누스, 아이젠하워, 새뮤얼 존슨 등 일생을 통해 끊임없이 자아와 투쟁하면서 위대한 영혼을 탄생시켰다고 여겨지는 인물들을 조망하고 있다. 한국어 제목은 밋밋한데 원래 제목은 의미심장하게 다가온다. '인성'은 저절로 주어지는 것이 아니라 부단한 정진 끝에 달성되는 경지라고 말해주는 듯하다. 오늘 내가 영위하는 모든 순간이 자아의 품격을 빚어가는 과정이다. 삶을 완성해가는 발걸음이다.

탐구

인생 문해력을
위하여

서점이나 도서관에서 책을 고를 때 확인하는 사항들
이 있다. 제목과 부제, 저자, 출판사, 분량, 디자인, 앞뒤
표지에 쓰여 있는 홍보 문구 등 여러 가지다. 그런데 또
하나 빠질 수 없는 것이 출간 연도다. 나의 경우, 그것
을 점점 더 중요하게 고려하고 있음을 새삼 알아차리
게 된다. 예를 들어 작년에 읽은 책들을 대충 살펴보니
지난 5년 사이에 나온 책이 대부분이다. 고전도 최신의
번역본이나 해설서를 선택했다. 그만큼 지식의 갱신

속도가 빨라진 것이다.

물리학자 새뮤얼 아브스만이 쓴《지식의 반감기》[30]라는 책이 있다. 지식이나 사실의 유통기한을 가리키는 개념으로 붙여진 제목이다. 방사성 동위원소가 절반으로 줄어드는 시간처럼, 기존 지식의 절반이 오류로 드러나는 데 걸리는 시간이 있다는 것이다. 예를 들어 간경변과 간염에 관한 의학 논문들을 분석해보니, 45년이 지나자 절반이 틀린 것으로 판명되었다. 육식이나 적포도주가 건강에 미치는 영향, 태양계 행성의 숫자 등이 지난 수십 년 동안 바뀌었다. 지식의 반감기는 분야마다 다르지만 대체로 10년 안팎으로, 그 주기로 업데이트하지 않으면 시대에 뒤처지게 된다.

그런데 이것은 연구자들이 집중적으로 작업하고 검증해서 내놓는 전문 지식에 해당하는 이야기다. 시중에 떠도는 소문이나 인터넷에서 전달되는 지식의 수명은 훨씬 더 짧을 듯하다. 매일 수많은 책이 출간되고 인터넷에 엄청난 정보가 올라오는데, 여전히 통용되는 거짓 상식이 많다. 이를테면 이런 것이다. 소크라테스는 '악법도 법이다'라고 말했다. 베르사유 궁전에는 화장실이 없었다. 백제가 망할 때 낙화암에서 삼천 명의 궁녀가 몸을 던졌다. 아인슈타인은 자신의 뇌를 15퍼센트밖에 쓰지 않았다. 끓는 물에 개구리를 집어넣으면 놀라서 뛰쳐나오지만, 찬물에 넣고 천천히 끓이면 온도의 변화를 감지하지 못한 채 서서히 죽어간다…. 이 모두가 사실이 아니다.

그런데 팩트 체크가 더 많이 요구되는 것은 역시 뉴스다. 매일 엄청난 양으로 쇄도하는 소식의 대부분은 '속보' 경쟁 속에서 정확성을 소홀히 여기기 일쑤다(사실에 충실한 보도라 해도, 하루만 지나면 정보로서의 가치를 상실할 만큼 휘발성이 강하다). 게다가 저질 언론사나 일부 유튜버들이 클릭 장사를 위해 퍼뜨리는 과장된 기사나 가짜 뉴스는 유통기한 자체가 무의미하다. 이런 사이비 지식에 현혹되지 않으려면 엄밀한 여과 장치가 필요하다.

하지만 중요한 것은 단편적인 지식이 아니라, 세계를 이해하는 총체적인 지성이다. 홍수처럼 쏟아지는

콘텐츠를 선별하고 엮어내는 인식의 틀이다. 어떤 문제의식을 갖고 있는가에 따라서 지식과 정보의 가치가 다르게 드러난다. 예를 들어 새롭게 각광받는 '핫플레이스'에 관한 정보는 머지않아 낡은 것이 되어버린다. 하지만 자영업을 준비하면서 소비자들의 공간적 취향이 어떤 패턴으로 달라지는지를 장기적으로 파악하고자 한다면, 그 모든 정보는 유용한 자료가 될 것이다.

또 다른 예를 보자. 선거 기간 동안 발표된 수많은 여론조사 결과는 하루 이틀만 지나도 낡은 것이 되고, 투표가 끝난 다음에는 아무도 관심을 갖지 않는다. 하지만 누군가가 여론조사 기관들의 성향과 장단점을 분석하고자 한다면, 그 모든 데이터는 유용한 재료가 될 것이다. 주제가 참신하고 명료하게 설정되면, 정보는 지식으로 체계화되고 더 나아가 지혜로 승화된다.

구슬이 서 말이라도 꿰어야 보배다. 지금 우리에게 정보의 구슬은 넘쳐나지만, 그것을 꿰는 방법과 도구가 빈약하다. 지식을 자기 나름의 관점으로 편집하고 업그레이드하는 기술 말이다. 그것은 검색으로 간단하게 취득되는 요령이 아니라, 부단한 연마를 통해 꾸준히 향상시켜야 하는 역량이다. 경험과 현상에 대한 섬세한 관찰, 내면에 대한 깊은 성찰, 밝고 넓은 이성에 의한 통찰이 어우러지면서 지성은 한 뼘씩 자라난다. 그 안목으로 앎을 리모델링하면서 삶을 쇄신해갈 수 있다.

알팍한 트렌드만 쫓고 SNS와 뉴스에 휩쓸리면 마음이 천박하고 박약해진다. 세상의 흐름에 적응하고 더 나아가 변화를 리드할 수 있으려면, 자기 안에서 유동하는 창의성을 일깨워야 한다. 그것은 혼자서 해나가기엔 버거운 일이다. 양질의 지식을 공유하고 계발하면서 생각의 그릇을 함께 빚어가는 공부 모임이 필요하다. 학습의 동기를 심화하고 배움의 지향을 확장하는 질문 공동체, 거기에서 우러나오는 집단 지성으로 우리는 지속적으로 성장할 수 있다.

나이가 들수록 기억력은 떨어지지만 연륜이 쌓일 수 있다. 물론 경험이 저절로 자산이 되지는 않는다. 자기를 상대화하면서 보편적인 관점으로 나아가고, 사물의 근본을 캐묻는 격물치지(格物致知)의 정신으로 인생 문해력(life literacy)을 높여가야 한다. 주어진 일상에 충실하면서, 보이지 않는 세계의 문을 두드려야 한다.

"이미 일어난 과거를 알려면 검색하고, 현재 일어나고 있는 것을 알려면 사색하고, 미래를 알려면 탐색하라." 고(故) 이어령 선생님의 말씀이다.

책

서재를
떠나보내며

오랜만에 서재를 정리했다. 삼십 년 이상 간직해온 책들을 포함해서 수백 권을 내다 버리는 작업이었다. 십년 이상 읽지 않았고 앞으로 십 년 이상 읽을 것 같지 않으면 과감하게 솎아냈다. 한국에서만 매일 200여 종의 신간이 나오는데, 금방 포화 상태가 되는 서재를 관리하는 일이 만만치 않다. 퇴직하는 교수들도 연구실 책을 처리하는 데 애를 먹는다. 예전처럼 도서관에서 책을 잘 기증받지 않기 때문이다.

책은 단일 품목으로서 가장 종류가 많은 상품이다. 그만큼 개개인의 관심과 취향이 세밀하게 반영되는 물건이다. 그리고 일반 가재도구에 비해서 오랫동안 소장된다. 다른 생활 물품은 이삼십 년 이상 사용하기 어려운 데 비해, 책은 세대를 넘어 보존되는 경우도 많다. 따라서 서재는 그 가족의 독서 이력을 증언한다. 생애 경로와 사유의 발자취가 아로새겨져 있는 유서 깊은 공간이다. 아르헨티나 작가 알베르토 망겔은 《서재를 떠나보내며》[31]에서 '모든 서재는 일종의 자서전'이라고 했는데, 그만큼 오랜 시간이 농축되어 있기 때문이리라.

그 자서전은 꾸준하게 쓰이고 첨삭된다. 책을 들이고 내보낼 때마다, 분류 체계와 배열 방식을 바꿀 때마다 업데이트되는 셈이다. 그 과제를 수행하면서 확인하게 되는 것은 지식의 유효기간이 점점 짧아진다는 점이다. 과학기술 관련 서적은 말할 것도 없고, 인문·사회과학 분야에서도 그렇다. 미디어나 테크놀로지의 혁신과 거기에 맞물려 벌어지는 상황을 진단하고 해석하는 저술은 금방 옛날이야기가 되기 쉽다. 그리고 요즘처럼 세계 정치와 경제가 숨 가쁘게 지각 변동을 일으키는 시기에는 글로벌 환경을 인식하는 패러다임이 끊임없이 뒤바뀐다. 그래서 불과 3~4년 전에 나온 책도 무용지물이 되어버리기 일쑤다.

'낡은' 책만 처분의 대상이 되는 것은 아니다. 아직 쓸모가 있는데도 버려지는 책이 많다. 한때 왕성한 연구 의욕을 가지고 샅샅이 수집했던 몇 가지 주제들, 하지만 세월이 흐르면서 호기심과 열정이 식고 앞으로도 되살아날 것 같지 않은 분야의 책들이다. 설레는 가슴으로 서점을 순례하며 구입해서 오랫동안 애지중지했건만, 끝내 한 페이지도 읽지 않은 채 '구조 조정'을 해야 할 때 허망함과 아쉬움은 사뭇 크다. 하지만 책의 제목과 목차, 뒤표지나 띠지에 쓰여 있는 글귀를 훑어본 것만으로도 큰 배움이 되었다고 스스로 위안해본다.

그런가 하면 꽤 오랜 세월을 견디며 책꽂이의 한구석을 의연하게 지키는 책들이 있다. 사춘기와 대학생 때 문리(文理)를 트게 해준, 내 나름의 고전이다. 집 안에 굴러다니던 시집, 선생님 소개로 알게 된 수필집, 동아리에서 함께 읽은 철학책 등에는 젊은 시절 약동하던 지성과 감성의 흔적이 생생하다. 놀라운 깨우침에 황홀해하면서 밑줄을 긋던 순간들이 역력하다. 학문을 연마하는 엄격함, 내면을 가꾸는 즐거움을 그 나이에 익힐 수 있었음에 새삼 감사하게 된다. 요즘 청(소)년들에게 그런 성장과 도약의 시간이 좀처럼 허락되지 않는 현실이 안타깝다.

정보의 범람, 휘발성이 높아지는 지식, 모바일과 유튜브의 일상화, 전자책 보급 등에 따라 집 안에서 서재는 점점 좁아지는 듯하다. 하지만 그 소박한 공간이 있음으로 해서 우리는 일상의 진부함을 넘어 원대한 세계를 동경할 수 있다. 내가 애용하던 서울 종로도서관 건물 위에 오래전 걸려 있던 표어가 생각난다. "보다 나은 세상으로 열린 문". 서재는 저마다의 작은 도서관이다. 점점 난해해지는 삶에서 존재의 뿌리를 탐색하는 내비게이션, 마음의 무늬를 그리면서 우주에 접속하는 통로다.

유산

무엇을 물려주고
싶은가

나는 도서관에서 많은 시간을 보낸다. 가장 많이 이용하는 곳은 집 가까이에 있는 연세대학교 도서관인데, 수십만 권의 책이 꽂혀 있는 서가를 누비는 즐거움이 쏠쏠하다. 그 가운데 특별한 코너가 있다. 개인이 기증한 책들의 서고(書庫)다. 김대중 전 대통령, 이규태 전 《조선일보》논설위원, 마광수 교수 등의 이름으로 마련된 구역에는 수만 권의 책이 주제별로 가지런히 진열되어 있다. 그곳에 있다 보면 마치 그분들이 생전에 앉아 계시던 서재를 잠시 들른 것 같은 기분이 든다.

책의 제목을 훑어보는 것만으로도 고인의 정신세계를 엿보는 느낌이다. 이런 방면으로까지 관심을 갖고 계셨구나, 그 광활한 지적 호기심에 놀라기도 한다. 책을 펼치다 보면 당신께서 밑줄을 그어놓았거나 책을 읽다가 떠오른 생각을 적어놓은 손글씨, 그리고 어쩌다가 책갈피에 꽂혀 있는 메모지를 만나기도 한다. 그분들의 생애를 떠올리면서 마주하는 육필은 나지막한 목소리처럼 다가온다. 그런가 하면 전혀 읽지 못한 것으로 짐작되는 책들도 꽤 있는데, 나 같은 후학이 공부하라고 남겨주신 숙제처럼 느껴진다.

책은 인간의 유산 가운데 가장 오래 남는 물건 중 하나다. 그것은 단순한 유물이 아니라 후세들이 계속 사용할 수 있는 도구가 된다. 또한 거기에는 선인(先人)들이 영위했던 공부의 발자취가 고스란히 아로새겨져 있다. 그 흔적을 더듬으면서 우리는 자신의 마음을 비춰보기도 하고, 앞으로 나아갈 생애의 좌표를 그려보기도 한다. 그러니까 오래된 서재는 여러 세대의 삶을 이

183

어주는 통로인지도 모른다. 도서관이나 고서점에서 낡은 책들을 구경하는 것만으로도 시간의 긴 터널을 오가는 셈이다.

얼마 전 아버지께서 이제 눈이 어두워져 책을 읽을 수 없으니 당신의 책들을 모두 가져가라고 하셨다. 서재에는 수백 권의 책과 수십 권의 독서 노트가 꽂혀 있었다. 독서 노트는 예전부터 종종 건네주신 바 있는데, 역사 관련 지식이나 고전의 명구(名句), 한시(漢詩), 시사 상식 등이 담겨 있어서 내게 중요한 참고자료가 되었다. 그것을 본받아 나도 딸들에게 남겨줄 노트를 만들어 틈틈이 내용을 채워간다. 후세에게 전해줄 것을 따로 챙겨가며 수행하는 독서 편력은 학이시습(學而時習)의 즐거움을 더해준다.

언젠가 내가 아이들에게 가보(家寶)처럼 물려주고 싶은 책 100권 정도를 고른다면 어떤 목록이 작성될까. 청소년기에 애지중지하던 책들부터 나이가 들어 새삼 가치를 발견한 책들까지 다채로운 모음이 될 것 같다. 그 한 권 한 권에는 저마다 각별한 사연이나 의미가 담겨 있는데, 그 '점'들이 이어져 여러 갈래의 '선'을 그리면서 삶의 중요한 경로를 구성해왔다. 훗날 아이들이 그 선들을 연결해 형형색색의 무늬를 만들어가면 좋겠다.

우리는 선조로부터 어떤 지성을 상속받았는가. 나는 후손에게 어떤 유산을 물려주고 싶은가. 저마다 배움의 이력서를 작성하면서 생애의 주제를 간추려보자. 인생의 우여곡절을 건너면서 밟아온 징검다리들이 다음 세대의 자산으로 전승될 수 있도록 가다듬어보자. 그 흐름 속에서 지금 이 순간은 심화되고 확장된다. 빛바랜 책들에 깃든 세월의 향기를 맡으면서 나이 듦의 맛과 멋을 음미한다.

독서

건강 수명을
좌우하는 습관

수명이 길어지면서 질병으로 고생하는 기간도 늘어나고 있다. 아프지 않고 노후를 보내는 것이 중요하다. 건강 수명을 좌우하는 것은 무엇인가. 2018년 일본의 NHK방송국은 노인 40만 명을 대상으로 10년 동안 생활 습관에 대한 추적 조사를 실시했다. '예'와 '아니오'로 답하게 되어 있는 600개가 넘는 질문을 중심으로 빅데이터 분석한 것인데, 어떤 질문에 그렇다고 대답한 사람이 다른 질문에도 그렇다고 답했다면 그 질문들을 연결하는 방식이었다. 그렇게 해서 추출한 18만 개의 연결망을, 자신이 건강하다고 대답한 사람들과 건강하지 않다고 대답한 사람들로 양분해 재구성했다. 그리고 건강 수명을 좌우하는 습관에서 가장 많은 상관관계로 나타나는 항목이 무엇인지를 추출했다.

흔히 운동이나 식생활이 핵심일 것이라고 생각하지만 결과는 의외였다. 건강 노인이 지닌 가장 공통적인 생활 습관은 다름 아닌 '독서'였다. 그 연관성을 뒷받침하는 또 다른 자료가 있다. 일본에서 건강 수명이 가장 긴 지역은 야마나시(山梨)라는 소도시인데, 그 지역 주민의 운동이나 스포츠 활동은 가장 낮은 편이었다. 그 대신 두드러진 것은 인구당 도서관 수와 학교 사서의 배치율이 전국 1위라는 점이다. 또 미국의 예일대학교에서도 독서와 건강의 상관관계를 분석한 바 있다. 50세 이상 성인 3,600명을 12년간 추적 조사했는데, 책을 읽는 그룹이 읽지 않는 그룹보다 2년 이상 더 살았다. 이는 성별, 건강 상태, 재산, 학력과 무관했다.

물론 독서가 정신을 살찌워주니까 신체 건강에도

지성이 깃드는 삶

도움이 되리라는 정도는 충분히 짐작할 수 있다. 하지만 연구 내용을 잘 들여다보면 약간 더 복잡한 상관관계가 있다. 책을 가까이하는 사람의 생활양식 자체가 웰빙을 도모한다는 것이다. 예를 들어 인간관계가 풍부할 뿐 아니라, 아무래도 지성적인 사람들을 가까이하게 되니까 심리적인 안정감이 높다. 책 읽기 모임에 참석하느라 몸을 많이 움직이고, 도서관에 드나들며 그 안에서 책을 찾으러 움직이다 보면 일정한 운동량이 꾸준하게 유지된다.

무엇보다 중요한 것은 배움에 대한 열정이 삶에 불어넣는 활력이다. 무엇을 배운다는 것은 단순히 어떤 지식을 두뇌에 입력하고 기술을 습득하는 수동적인 과정이 아니라, 미지의 세계를 향해 발걸음을 내딛는 능동적 행위다. 자신이 잘 모르는 것에 대해 열려 있는 마음이 없으면 지적으로 성장할 수 없다. 그런 호기심은 자연스럽게 생명의 에너지를 일깨워준다. 인간의 노화는 뇌부터 시작된다고 하는데, 자신의 고정관념에서 벗어나지 못하고 알량한 경험을 절대화하거나 그것을 내세우면서 젊은이들에게 군림하려는 것이 전형적인 증세다. 책을 가까이한다는 것은 그런 비좁은 울타리를 스스로 해체하는 몸짓이라고 할 수 있다.

배움을 생활화하면 타인과 소통할 때도 늘 자신을 상대화하고 성찰할 줄 알기에 불필요한 갈등을 키우지 않는다. 노후에 무엇보다도 중요한 것이 가까이 지내는 가족이나 이웃 그리고 친구들과 안온한 공동체를 꾸려가는 것인데, 위대한 지성의 세계 앞에서 늘 겸허한 태도를 닦는 사람들끼리는 서로를 존중하는 마음이 자연스럽게 우러나오게 된다. 중국 명나라 때의 사상가 이탁오는 "스승이면서 친구가 될 수 없다면 진정한 스승이 아니다. 친구이면서 배울 게 없다면 진정한 친구가 아니다"라고 했다. 스승이면서 친구가 될 수 있는 '도반'들이 인생의 폭을 넓혀주고 삶의 격을 높여준다.

인류사에 길이 남을 코로나19 재난은 개인과 집단 그리고 국가의 자화상을 적나라하게 드러냈다. 그리고 앞으로 펼쳐질 새로운 삶의 양식과 사회의 모델을 예고했다. 팬데믹 시기에 요구되었던 '잠시 멈춤'은 포스트 코로나 시대에도 간직해야 할 덕목이다. 외형적 성장을 향해 맹목적으로 경쟁하는 시스템을 지구 생태계는 더 이상 감당할 수 없다. 거기에서 오는 스트레스와 과로에 우리의 몸도 짓눌린다. 이제 종종 멈춰 서는 연습을 해야 하는데, 책을 통해 다른 세상을 만나며 숨 가쁜 속도를 늦출 수 있다. 고령화 시대에 도서관은 심신의 면역력을 키워주는 터전, 존재의 기쁨을 되찾는 성소가 아닐까.

도서관

새로운 학연이
맺어지는 공간으로

"오겡키데스카, 와타시와 겡키데스!"

설경 속에 이 외침을 긴 여운으로 남긴 영화 〈러브 레터〉(1995)는 주인공 이츠키의 긴 시간 여행을 담아낸다. 그녀는 히로코라는 여성이 자신과 동명이인이었던 중학교 남자 동창에게 잘못 보낸 편지를 받게 되고, 그 편지에 무심코 답장을 한 후에 이어지는 서신 교환을 통해 추억에 잠긴다. 그러다가 이츠키는 그 동명의 남학생이 자신을 짝사랑하고 있었음을 알게 되는데, 당시 그 아이가 학교 도서관에서 빌렸다가 대신 반납해 달라고 맡겼던 책의 도서 대출 카드 뒷면에 자신의 얼굴을 그려놓은 것을 뒤늦게 발견한 것이다. 십수 년 세월을 건너 드러난 본심에 눈시울이 붉어진다.

전자 시스템이 도입되기 전에 사용되던 대출 카드는 단순한 사무용품이지만, 거기에는 이용자들의 흔적이 담겨 있다. 그 책을 빌렸던 사람들의 이름이 고스란히 기록되어 있기 때문이다. 나는 지금도 모교 대학에서 종종 책을 열람하는데, 오래된 책에는 대출 카드가 그대로 꽂혀 있다. 꺼내어 그 이름과 소속 학과, 대출 날짜를 읽어 내려가면서 당시 학생들의 지적인 관심을 확인한다. 이따금 동창의 이름이 발견되면 그 친구가 이런 책을 읽었구나 하면서 새삼스러운 감회에 잠기기도 한다.

책을 통해 사람과 사람이 이어질 수 있음은 고마운 일이다. 도서관이 그런 인연을 매개하는 방식은 다양할 수 있다. 이제는 예전 같은 대출 카드는 없지만, 각 도서관은 모든 소장 도서의 대출자가 누구인지를 정확하게 알고 있다. 그런데 현재 그 정보는 단순한 도서 관리에 쓰일 뿐이다. 데이터가 점점 더 부가 가치를 발휘하는 시대에 소중한 자원을 사장시키는 셈이다. 어떤 활용 방안이 있을까.

이미 도서관에서는 독서 토론이 다채롭게 열리고 있다. 그런데 회원으로 구성된 동아리가 일정한 책들을 중심으로 꾸려가는 모임이거나, 도서관에서 화제작을 중심으로 마련하는 저자와의 대화 같은 일회적인 행사가 대부분이다. 그와 별도로 좀 더 세분화된 책 모임을 생각해본다. 나는 어떤 책을 감명 깊게 읽을 경우, 그 책이나 저자에 흠뻑 몰입한 다른 독자들과 이야기를 나누고 싶어진다. 그런데 만날 길이 없다. 이런 경우 도서관은 이용자의 신청을 받아 소박한 자리를 마련할 수 있으리라. 선정된 책의 대출자들을 검색해서 개별적으로 안내하고 참여 희망자들을 모아 시간을 정해 장소를 제공하면 된다.

물론 책에 대한 소통은 인터넷을 통해서도 얼마든지 가능하지만, 직접 만나 대화를 나누는 것이 더 생생하다. 지역 도서관은 그런 접속을 무한하게 빚어낼 수 있다. 해당 지역 주민들이 어떤 책을 빌려 보는지의 정보에 관한 한 절대적이고 독보적이기 때문이다. 그 점에서 대학 도서관도 마찬가지다. 학생들이 점점 개별화되는 상황에서 책을 매개로 지적인 유대를 촉매함으로써 대학 문화의 자양분을 일궈낼 수 있다. 그런 네트워크나 소모임이 활성화되면 도서관은 열람실이나 도서 대여소 역할에 머무르지 않고 명실상부한 지성의 요람이 될 수 있을 것이다. 사서들도 문헌 정보를 처리하는 기능을 넘어, 이용자들을 연결하는 연출가가 될 수 있다.

한국에서는 학연이 매우 중요하다. 모교 동문끼리의 연줄이 곳곳에서 막강한 힘을 발휘한다. 그것이 사회의 진보를 가로막는다. 새로운 학연이 필요하다. 말 그대로 '배움의 인연'이다. 배우기를 좋아하는 이들이 다양한 관심사에 따라 인연을 맺고 함께 생각을 키워갈 수 있어야 한다. 도서관이 그러한 시민적 지성을 편집하는 거점으로 거듭나기를 바란다.

생존에서

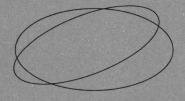

생성으로

이렇게 살 수도 없고
이렇게 죽을 수도 없을 때
서른 살이 온다
•

최승자 〈삼십 세〉 중에서

이렇게 살 수도 있고
이렇게 죽을 수도 있을 때
예순 살이 온다
•

주철환 〈육십 세〉 중에서

육아

손주는
누구인가

많은 사람들에게 자신의 영혼을 지탱해주는 것은 부모의 정신이라기보다 조부모의 정신이다. (…) 조부모는 부모가 갖게 되는 복잡한 감정 없이 사랑과 관심을 풍부하게 베풀 수 있다. 살아가는 동안 아이의 영혼은 합당한 것 이상의 수용과 칭찬을 필요로 하는데, 조부모는 부모가 채워줄 수 없는 것을 채워줄 수 있다. (…) 조부모는 영원에 더 가깝다. 그들의 젊음은 젊은이들이 상상하기 어려운 옛날이며, 그들의

생존에서 생성으로

미래는 영원에 더 가깝다. 그들은 많은 경험을 했고 많은 비밀을 지니고 있다. 그들은 영적인 안내자가 되기에 완벽하게 적합하다. [32]

_ 토마스 무어, 《나이 공부》

환갑을 맞이하던 해에 외손녀가 태어났다. 손주의 탄생은 결혼이나 첫아이 출산, 어머니와의 사별만큼이나 인생의 중대한 변곡점이었던 것 같다. 할아버지가 된다는 것은 노년에 본격적으로 입문하는 것이기 때문이다. 변화는 식구가 늘어나고 또 하나의 정체성이 추가되는 것에 그치지 않는다. 이른바 '황혼 육아'라는 새로운 과제가 주어진다. 딸아이가 가까이에 살면서 직장생활을 하고 있기에 아내와 작은딸 그리고 사돈댁이 번갈아가면서 아기를 돌보아주고 있는데, 나도 일주일에 두세 번씩 들러 손을 보탠다.

조부모가 손주를 키우는 경험은 어떤 것인가. 우선 건강 측면에서 보자. 홍콩과학기술대학의 김현철 교수는 핵심을 잘 요약해주었다.

"육아가 조부모의 건강에 미치는 영향은 양방향으로 작용합니다. 긍정적인 부분은 육아가 자존감, 가족 결속력을 향상시켜 건강에 유익한 영향을 줄 수 있다는 점입니다. 그리고 육아로 인해 신체 활동 및 건강을 유지하는 데 도움이 될 수 있습니다. 하지만 육아는 조부모에게 육체적으로나 정신적으로 많은 부담이 되기도 합니다. 육아 부담을 조부모가 오롯이 지는 경우에는 더욱 그렇습니다."[33]

손주를 키우는 일은 크나큰 즐거움이지만, 감당할 수 있는 수준을 넘어서면 고역이 된다. 우리 사회에는 조부모가 '독박'으로 육아를 하면서 사실상 '조손 가정'으로 지내는 집이 적지 않고, 그 경우 양육 방식을 둘러싸고 조부모와 부모 사이에 갈등이 생기기도 한다.

조카가 자기 친구의 경험이라면서 들려준 이야기인데, 시어머니에게 맡긴 아이의 언어 발달이 너무 늦었다고 한다. 웬일인가 들여다보니, 어머니는 식사와 기저귀 갈기 등 최소한의 보살핌만 해주었을 뿐 눈을 맞추며 놀아주는 상호작용은 거의 하지 않았다. 본인이

스마트폰에 빠져서 아이를 방치했던 것이다. 며느리는 문제를 제기하지만 시어머니는 아이는 내버려두어도 저절로 큰다면서 대수롭지 않게 여긴다고 한다.

사실 예전에는 아이들이 '저절로' 컸다. 집안에 형제자매가 많았고, 걸음마를 떼면서 곧바로 동네 아이들과 어울렸기에 자연스럽게 말을 배우고 사회성도 익혔다. 지금은 환경이 달라졌다. 거의 외둥이인 데다가 골목과 이웃이 사라져 아이는 고립된 공간에서 대개 한 명의 양육자와 지낸다. 이런 형편에서 아이를 '제대로' 돌보아주려면 대단한 정성과 체력이 필요하다. 예를 들어 동화책 읽어주기나 숨바꼭질 놀이가 아무리 즐거워도 몇십 분을 계속하기는 어렵다. 아이가 더 해달라고 계속 조르면, 인내심을 발휘할지 스마트폰을 열어줄지 갈등에 빠지게 된다. 아무래도 혼자서는 버거운 일이다. 가족 중 누군가가 양육을 분담하면 좀 수월해지지만 이 역시 한계가 있다.

어린이집이나 유치원이 육아의 짐을 덜어주기는 한다. 그러나 아이가 너무 어리거나 동네에 시설이 부족하면 어쩔 수 없이 집에서 돌보아야 하는 경우가 적지 않다. 그리고 시설에 보낸다 해도 시간이 되면 귀가해야 하고, 이후에 각종 조기 교육 프로그램으로 스케줄을 채우기도 한다. 하지만 성장기 아이들에게 가장 필요한 것은 자유롭게 움직이면서 친구들과 어울리는 놀이의 경험이다. 그것은 실외 공간에서 자연스럽게 이뤄진다. 집 안이 안전하다고 아이를 실내에서만 생활하게 하는 양육자가 많은데, 각종 안전사고는 오히려 집 안에서 더 많이 일어난다고 한다. 범죄 위험도 염려가 되지만, 낮 시간에 아이들이 모르는 사람에게 피해를 입는 일은 그다지 많지 않다.

물론 치안이 완벽한 것은 아니다. 그러나 모두가 집 안에만 틀어박혀 있으면 집 바깥은 더 불안해지기 쉽다. 동네가 안전해지려면 이웃 간의 만남과 교류가 활발해야 한다. 서로를 알아보는 시선이 안전사고나 범죄를 방지하는 감시망 기능을 하기 때문이다. 아이들이 마음 놓고 뛰어놀 수 있는 곳은 여러 연령대의 주민이 다양하게 어우러지는 장소다. 가정의 울타리를 넘어 마을로 시야를 넓히면 육아의 개별적인 부담을 줄이면서도 그 질을 오히려 높이는 길을 여러 갈래로 찾을 수 있다.

손주를 돌보는 조부모들이 집 밖에서 만나 편안하게 시간을 보낼 수 있는 곳이 다양해져야 한다. 예전에는 집 근처에 평상 같은 것이 있어서 이웃들이 삼삼오오 모여 시간을 보냈고, 갓난아이를 키우는 양육자들도 스스럼없이 함께할 수 있었다. 지금도 일부 동네에는 그런 평상 문화가 남아 있는데, 어른들이 둘러앉아 대화를 나누는 자리에 아이들도 함께 머물 수 있는 여건과 분위기가 되면 좋겠다. 동네마다 들어서 있는 경로당에도 그런 성격을 가미할 수 있을 듯하다. 조부모들이 손주를 데리고 와서 잠깐이라도 어울릴 수 있다면, 돌봄의 부담이 줄어들 뿐 아니라 아이도 더욱 활달하게 자라날 수 있다.

사회적 돌봄을 지원하는 정책의 수립과 여건 조성이 절실하다. 핵심은 육아의 사회적 공간을 확장하는 것이다. 말하자면 '공동 육아'인데, 그 실천 방식에는 여러 스펙트럼이 있다. 가장 난이도가 높은 것은 부모들이 협동조합을 만들어서 아이들을 함께 키우는 것이다. 그런데 그것은 재정적인 측면에서, 그리고 구성원들의 신뢰와 결속이라는 측면에서 진입 장벽이 매우 높기 때문에 조합 결성 자체가 쉽지 않다. 조합을 만들었다 해도 운영 과정에서 조합원들이 크고 작은 갈등으로 마음고생을 하기도 한다(물론 그런 난제들을 풀어가면서 개인과 공동체가 성장해간다는 데 조합의 의의가 있다). 그렇듯 조직화된 공동 육아가 아니더라도 적절한 수준에서 관계를 형성하며 돌봄의 시너지를 높이는 길을 다각적으로 모색할 필요가 있다.

육아에 일상이 짓눌리지 않기 위해 또 한 가지 짚어보아야 할 점은 돌봄에 대한 마음가짐이다. 체력이 많이 부치는 것이 아닌데도 손주와 함께 보내는 시간이 버겁게 느껴진다면, '노동'에서 '놀이'로 프레임을 바꿔보자. 손주가 노년에 생명의 힘을 다시 일깨워주기 위해 내게로 왔다고 생각해보자. 그 한없는 귀여움을 마주하면서 자기 안에 숨어 있던 동심과 유년의 천진함을 다시 꺼내 보고 존재의 바탕화면을 리셋할 수 있다. 인간 성장의 신비와 경이로움을 느끼면서 그 과정에 참여하는 기쁨을 누리는 것이다. 실제로 아기를 어루만지며 몸으로 함께 놀고 있으면 옥시토신이 분비되어 스트레스 내성도 커지고 면역력도 높아진다고 한다. 그러한 기운생동과 활력은 돌봄을 둘러싼 갈등도 완충해준다.

만일 육아를 둘러싸고 조부모와 부모 사이에 이견이 드러나면 어떻게 하는 것이 좋을까. 아무래도 베이비부머 세대의 교육관과 그 자녀 세대의 교육관은 다를 수밖에 없다. 육아의 일차적인 책임은 아이의 부모에게 있으므로 그들에게 맞추는 편이 현명할 수 있다. 요즈음 부모는 인터넷 등 여러 네트워크를 통해 정확한 정보를 가지고 합리적인 판단을 하는 측면이 있다. 하지만 조부모들의 경험과 연륜으로 수정하고 보완해야 할 측면도 적지 않으리라. 그러한 소통과 조율의 과정이 또 하나의 학습과 성장의 과정이 될 수 있다.

인류사를 돌아보면 아득한 옛날부터 조부모가 손주

의 육아에 참여했다. 여성은 다른 동물과 달리 폐경기를 지나서도 오래 살아가는데 거기에는 그 나름의 진화적인 이점이 있다고 분석된다. 비록 자신이 생식 능력을 잃었어도 손주 돌봄을 통해 자기 유전자의 생존율을 높이고, 결과적으로 집단의 존속에 도움을 준다는 것이다. 이러한 설명을 가리켜 '할머니 가설'이라고 한다. '할아버지 가설'이 아닌 이유는, 남성은 생식 능력이 오랫동안 유지되기에 손주 양육에 관여할 이유가 적기 때문이란다. 물론 지금은 할아버지들의 손길도 점점 중요해지고 있다.

'길고 커다란 마루 위 시계는 우리 할아버지 시계 / 90년 전에 할아버지 태어나던 날 / 아침에 받은 시계란다 / 언제나 정답게 흔들어주던 시계 / 할아버지의 옛날 시계 / 이젠 더 가질 않네 가지를 않네 / 90년 동안 쉬지 않고 (똑딱똑딱) / 할아버지와 함께 (똑딱똑딱)~'

긴 세월을 건너는 시간의 발자국이 조손의 마음을 잇고 있음을 그려주는 노래로, 1876년 발표된 미국 대중가요다. 할아버지의 시계는 두 세대를 뛰어넘어 기억과 상상을 불러일으키는데, 내 삶의 흔적은 어떤 물건에 담겨 손주에게 전해질까. 또 내가 들려주는 이야기나 보여주는 삶의 모습은 손녀의 마음에 어떤 이미지로 남게 될까.

　손녀가 생긴 뒤로는 여기저기에서 마주치는 꼬마들이 새삼 눈에 들어온다. 그들의 미래를 상상하면서 오늘의 현실을 둘러본다. 백 년 뒤의 세상은 어떤 모습일까. 우리가 건너온 세월은 아이들에게 어떻게 다가갈까. 조금이라도 더 나은 세상을 만들어가는 일은 그들을 축복하는 기도가 되리라. 생애의 중대한 전환점을 맞이하면서 일상과 사회의 연결고리를 점검해본다. 세대를 건너 이어지는 생명의 물줄기를 바라보면서 마음의 옷깃을 여민다. 손녀의 삶은 나와 시대의 자화상을 비춰 보는 거울이 될 것이다.

성숙

어른 자아를
찾아서

‘이중 인격’ 또는 ‘다중 인격’이라는 말이 있다. 겉과 속이 다른 사람을 가리키기도 하고, 해리성 인격 장애라는 정신질환의 다른 명칭이기도 하다. 그러나 정도의 차이가 있을 뿐 누구나 여러 인격을 동시에 지니고 살아간다.

인간은 긴 시간을 통해 자아가 형성되는데, 그것은 한 단계에서 다음 단계로의 순차적인 이행이 아니다. 오히려 각 단계가 차곡차곡 축적되어 현재를 구성한다고 보아야 할 것이다. 어엿한 성인이 되었는데도 유치한 행태를 드러내거나 유년의 경험 세계에 갇혀 있는 모습에서 그것을 확인하게 된다. 우리 안에는 서로 다른 자아들이 언제나 공존한다고 볼 수 있다. 미국의 정신의학자 토머스 해리스가 쓴 《아임 오케이, 유어 오케이》라는 책은 그것을 '부모 자아', '어린이 자아', '어른 자아'로 나누어 생성 과정과 속성을 명료하게 밝혀준다.

'부모 자아'는 유아기에 아무런 의문 없이, 그리고 자신의 의지와 무관하게 내면화된, 부모로부터 주입된 자아다. 인간은 무력하게 태어나 오랜 기간 양육자에게 절대적으로 의존하기에, 다섯 살 무렵까지 부모가 자신을 어떻게 대했느냐가 기본 데이터로 입력되어 평생 영향력을 발휘한다. 그것은 위험한 상황에 주의하도록 하여 생명을 지키는 보호막 역할을 하지만, 다른 한편으로 너무 강압적으로 익히면 강박관념이 되기도 한다. 어떤 원칙이나 전통을 맹신하거나 특정 집단에 대해 편견이 강한 사람들은 부정적인 부모 자아가 발현된 것이라고 할 수 있다.

부모 자아에 맞물려 있는 것이 '어린이 자아'인데, 다섯 살 무렵까지 외부 사건(대부분은 부모 행동)을 직접 보고 들으면서 반응한 내면 사건(감정)의 기록이다. 부모나 다른 어른이 못마땅한 표정을 지으면 기억의 저장소에 '나는 나쁜 아이야' 같은 부정적인 데이터가 축적되는데, 그 시절에 느낀 좌절감이 어른이 되어서도 반복되기 일쑤다. 물론 어린이 자아에는 창의성과 호기심, 탐구심, 발견의 기쁨 등의 밝은 측면도 있다. 어른이 되어서도 천진난만한 동심을 유지하고 때로 귀여운 행동을 하는 것은 그런 속성이 드러난 것이라고 할 수 있다.

'어른 자아'는 생후 10개월 무렵부터 자신의 의지와 생각으로 뭔가를 하면서 탐험과 시험으로 체득하고 처리된 데이터다. 이것은 부모 자아의 압력이나 어린이 자아의 두려움에 짓눌리지 않도록, 그 두 자아를 합리적으로 검토하고 업데이트하는 주체적 자아라고 할 수 있다. 어른 자아가 잘 세워져 있으면 어린 시절의 부정적 기억을 완전히 삭제하지는 못해도 전원을 차단할 수는 있다. 따라서 자라나면서 본인이 구체적 경험을 통해 현실에 대한 좋은 데이터를 많이 축적해야 한다. 주입받은 삶과 현재의 삶 사이에 모순이 적을수록 그 간극을 해결하는 데 에너지를 덜 쓰게 되고, 창의적 작업에 더 힘쓸 수 있다.

이 책은 20세기 정신의학 고전《심리 게임》의 저자 에릭 번이 창시한 '교류 분석(transactional analysis)' 이론을 토대로 나왔다. 교류 분석이란, 내가 어떤 행동을 보여주면 상대도 여기에 반응하는 행동을 보여주는 교류를 분석한 뒤 인간의 다양한 본성 가운데 어떤 부분이 '등장하는지'를 판단하는 방법이다. 성격 이론인 동시에 커뮤니케이션 이론인 셈인데, 우리의 복잡다기한 마음이 사회적 맥락에 좌우된다는 것을 확인해주는 관점이다. 흔히 말하는 '내면 아이'도 누구와 상호작용하느냐에 따라 여러 모습으로 작동하는 것이다.

그렇다면 책의 제목인 '아임 오케이, 유어 오케이(I'm OK, You're OK)'는 무엇을 말하는가. 자기와 타인, 긍정과 부정이라는 두 축을 교차시키면 다음과 같은 4개 분면이 나오는데, 사람들은 이 네 가지 가운데 하나의 태도로 인생을 살아간다.

(1) 자기부정 – 타인긍정 : 탄생 직후의 연약한 자신을 주변의 어른들보다 열등시하는 상황이다.

(2) 자기부정 – 타인부정 : 한 살쯤 혼자 힘으로 일어설 무렵, 부모가 제대로 돌보아주지 않고 꾸중만 할 경우 벌어지는 마음 상태다.

(3) 자기긍정 – 타인부정 : 어릴 때 오랫동안 신체적 학대를 당할 경우, 스스로를 보호하기 위해 자신을 긍정하는 생존 전략으로 형성된다.

(4) 자기긍정 – 타인긍정 : 위의 세 경우와 달리 의식적으로 이뤄지는데, 자신과 타인의 가치를 깨달을 수 있는 정보들이 새롭게 주어져야 한다.

(1)유형은 열등감과 무력감에 시달리면서, 세상의 평가를 잘 받기 위해 성취를 할 수는 있어도 끝없는 인

정 욕망이 충족되지 못해 진정한 행복을 누리지 못한다. (2)유형은 허무주의에 빠져 자포자기하듯 살아가고, 자칫 정신질환이나 자살에 이를 수도 있다. (3)유형은 배타주의와 자기애를 특징으로 하는데, 매우 독선적이고 모든 문제를 남 탓으로 돌린다. (4)유형은 서로를 존중하면서 원만한 인간관계를 형성하고 조화와 협력을 잘 이끌어낸다.

우리 안에 공존하는 세 자아가 어떻게 발현되는가는 사회적 맥락에 좌우된다. 그러니까 두 사람이 대화할 경우, 두 세트의 세 가지 자아가 복잡하게 교차할 수 있다. 책에서는 부모와 자녀 사이, 부부 사이 등 여러 상황을 구체적으로 예시하면서 그 접속 패턴들을 보여주고 있는데, 이 패턴을 하나하나 살피다 보면 어떤 인간관계가 유난히 힘든 이유를 새로운 눈으로 이해할 수 있다.

인간관계란 일정한 상호작용으로 고착되면 좀처럼 바뀌지 않는다. 하지만 우리 안에 있는 '다중 인격'을 알아차린다면 유연한 마음가짐으로 변화의 실마리를 찾을 수 있을 듯하다. 저자인 토머스 해리스는 이렇게 말한다.

> [어른자아]의 힘을 기르려면 무엇보다 [부모자아]와 [어린이자아]의 신호에 민감해야 합니다. (…) 이것이 바로 내게 있는 부정적인 [어린이자아]라는 걸 깨달으면 부정적인 감정이 행동으로 드러나는 것을 막을 수 있습니다. (…) 분노, 우울, 후회, 좌절을 느낄 때 자신에게 '왜 내 [부모자아]는 [어린이자아]를 혼낼까?'라고 물으면 됩니다. (…) 자신의 [어린이자아]가 보내는 신호를 민감하게 파악할 수 있으면 상대방의 [어린이자아]가 보내는 신호도 쉽게 파악할 수 있습니다. (…) 상대방의 [부모자아]가 무서워도 그 사람의 [어린이자아]는 사랑할 수 있습니다.[34]

이 책은 1967년 미국에서 출간되어 지금까지 전 세계에 1,500만 부나 팔렸다고 하는데, 그런 영향력에 비해 한국에서는 너무 알려지지 않았다. 심리 상담이라는 영역이 점점 커지고 마음 관련 책들이 엄청나게 출간되어 판매되는 것을 생각하면 의외다. 그러나 상담 전문가에게 의지하지 않고서도 자아를 세밀하게 해부할 수 있는 길잡이로서 이 책은 매우 훌륭하다. 이론이 복잡하지 않고 문장도 쉽다. 그러면서도 핵심을 정확하게 짚어준다. 스스로 이해할 수 없고 의식조차 하지 못했던 내면의 힘을 들여다보면서 '진짜 어른'으로 성숙해가는 마음의 경로를 탐색하도록 이끌어준다.

보람

살아 있음의
증거

'열심히 일한 당신, 떠나라!'

    2000년대 초에 히트를 쳤던 어느 신용카드 회사의 광고 문구다. 과중한 업무에 녹초가 된 샐러리맨이 자동차를 타고 바닷가를 드라이브하며 환한 미소를 짓는 영상이 함께 흘렀다. 많은 직장인이 이른바 월요병에 시달리고(서울아산병원의 통계에 따르면 40대의 심장병 돌연사가 월요일 오전에 가장 많다고 한다. 다른 선진국의 사정도 비슷하다), 주말이나 휴가를 간절히 기다린다. 우리는 왜 이토록 일을 많이 하는 것일까?

산업화 시대에 접어들어 수많은 기술이 등장하면서 노동의 효율은 급격하게 올라가기 시작했다. 어차피 인간이 필요로 하는 물자와 서비스가 한정된 것이라면, 기계가 사람의 몫을 대신하는 만큼 노동시간은 줄어들어야 마땅하다. 실제로 마르크스나 케인스 같은 경제학자들은 머지않아 노동자들이 하루 4시간 정도만 일하는 세상이 도래할 것이라고 확신했다. 그런데 현실은 정반대로 전개되었다. 산업화를 지나 정보화 시대로 넘어오면서 훨씬 혁신적인 기술들이 도입되었는데도 근무시간은 오히려 늘어났다. 우리는 왜 그렇게 늘 바쁜 것일까?

여기에서 더욱 근본적인 궁금증이 생겨난다. 세상이 돌아가고 삶이 영위되는 데 그 많은 일이 꼭 필요한 것인가? 그런 질문을 가지고 일의 세계를 파헤친 책들이 있다. 대표적으로 두 권을 꼽을 수 있는데, 하나는 인류학자 데이비드 그레이버의《불쉿 잡》[35] (불쉿bullshit은 '허튼소리'라는 뜻으로, '불쉿 잡'은 쓸데없는 일을 가리키는 신조어다)이고, 다른 하나는 덴마크 인류학자 데니스 뇌르마르크와 철학자 아네르스 포그 옌센이 함께 쓴《가짜 노동》[36]이다. 관점과 메시지가 비슷한 이 두 책의 결론은 제목에 잘 압축되어 있다. 지금 직장인들이 너무 많은 업무에 짓눌리는 이유는 쓸데없는 일이 늘어나기 때문이라는 것이다.

그렇다면 일의 쓸모를 어떻게 판단할 수 있을까? 한 가지 기준으로, 그 일이 수행되지 않을 경우에 벌어질 사태를 상상해보면 된다. 예를 들어 버스 기사, 어부, 청소부, 배달노동자, 의사, 간호사, 교사 등이 파업을 하면 막대한 혼란이 발생한다. 반면에 고객 관리, 홍보, 컨설팅 등 의외로 많은 직종은 업무가 중단된다 해도 별다른 지장이 생기지 않으리라고 예상된다.《가짜 노동》에 따르면, 20세기에 테일러리즘이 확대됨에 따라 생산과정을 정교하게 시스템화하면서 노동을 효율적으로 통제하기 위한 관리직의 수가 증가했고, 거기에 부수적으로 여러 직종이 탄생했다. 그리고 시장 상황이 복잡해지고 경쟁이 치열해지면서 새로운 업무가 계속 등장했다.

그런데 진짜 노동과 가짜 노동을 분간할 수 있는 객관적 기준을 잡기는 쉽지 않다. 그렇다면 일하는 당사자들의 주관적인 평가를 들어보면 어떨까? 2013년 《하버드 비즈니스 리뷰》가 12,000명에게 조사한 결과를 보면, 응답자 가운데 절반이 자신의 직업이 전혀 중요하지 않고 의미도 없다고 답했다. 다른 여론조사에서는 영국인과 네덜란드인에게 '당신 직업은 세상에 의미 있는 기여를 하는가'라고 물었는데, 40퍼센트 정도가 아니라고 답했다. 한국에서는 조사된 바가 없지만, 아니라는 대답의 비율이 그보다 적지는 않을 듯하다.

이렇듯 무의미한 일들을 줄이거나 없애지 못하는 까닭은 무엇일까. 우선 일이 줄어들거나 없어지면 두려운 사람이 많기 때문이다. 노동시장에서 자신의 존재 가치를 찾는 자본주의 사회에서 잉여 인간이 되는 데 대한 두려움, 수치심, 자기혐오, 고립감은 크다. 또 다른 이유로 조직의 관성을 들 수 있다. 직원이 필요 없어지면 부서의 규모가 축소되니까, 관리자들은 자기방어 차원에서 업무를 부풀리면서 인력을 확보하고 권력 기반을 강화하는 것이다. 그런 풍토 속에서 할 일이 없다는 말은 심각한 금기어가 되고, 부하 직원의 일을 찾아주지 못하는 상사는 무능하다고 여긴다.

그렇다면 업무 시간 대부분을 가짜 노동에 쏟아야하는 직장인의 마음은 무엇일까. 그것을 섬세하게 포착한 영화가 있다. 일본의 구로사와 아키라 감독의 〈이키루(生きる, 살다)〉(1952)와, 그것을 1950년대 영국을 배경으로 리메이크한 〈리빙: 어떤 인생〉(2023, 노벨문학상 수상자인 가즈오 이시구로 각본)이 그것이다.

원작의 주인공 와타나베는 시청에서 민원을 담당하는 시민과 과장이다. 그는 비대한 관료주의 시스템에 매몰되어 영혼 없이 타성에 젖어 일하는 공무원의 전형으로 그려진다. 복지부동과 무사안일 그 자체다. 어느 날 주민들이 찾아와, 동네의 커다란 물웅덩이에 모기가 들끓고 있으니 아이들을 위한 공원으로 만들어달라고 요청한다. 그는 늘 그러했듯이 자기 소관이 아니라며 다른 부서로 떠넘긴다. 그런데 다른 부서들도 똑

생존에서 생성으로

같이 대응하기에 주민들은 수많은 부서를 전전하게 되고, 서류는 결국 시민과로 되돌아오고 만다. 하지만 와타나베 과장은 그것을 그냥 책상 한구석에 처박아둔다. 이 대목에서 내레이션이 흐른다.

"그는 시간만 때우고 있을 뿐이니까, 그는 산 적이 없다. 그래서 그는 살아 있다고 할 수 없다."

그러던 어느 날, 와타나베는 자신이 간암 말기이고 살날이 많지 않음을 알게 된다. 극도의 허무함에 사로잡힌 그는 어느 소설가와 함께 잠시 쾌락적인 생활을 하지만, 일시적인 도피에 불과했다. 그러던 중 자신의 부서에서 함께 일하다가 인형 공장으로 전직한 여직원을 만나 이런저런 이야기를 나누게 된다. 와타나베는 그녀의 말과 표정에서 생동하는 기운을 발견하면서 지금까지 자신이 죽어 있었음을 깨닫는다. 그녀는 마음속으로 그에게 '미라'(⟨리빙⟩에서는 '좀비')라는 별명을 붙여놓고 있었다고 고백했는데, 시체처럼 지내온 인생을 정확하게 짚어준 것이다.

와타나베는 여생이 얼마 남지 않았지만 이제 '삶'을

살아보겠다고 결심한다. 그 구체적인 방법은 이제껏 덮어두었던 공원 관련 민원을 해결하는 것이었다. 사무실에 복귀해 그는 관련 부서를 직접 찾아다니면서 담당자들을 설득하고, 복잡한 규정과 절차를 면밀하게 검토한다. 그렇게 혼신의 힘을 쏟아 동분서주한 끝에 아담한 공원이 완성되고, 동네 아이들이 신나게 놀기 시작한다. 그날 밤 와타나베는 그 놀이터에 설치된 그네에 앉아 생을 마감한다. "인생은 짧다. 사랑하라 소녀여"라는 노래를 부르며.

구로사와 감독은 이 작품을 통해 전후 일본의 정신적 폐허를 그려내면서 새로운 존재에 대한 자각과 결단을 호소했다. 영화에 묘사된 사회적 정황은 지금도 크게 다르지 않다. 가즈오 이시구로는 어느 인터뷰[37]에서 〈이키루〉와 〈리빙〉이 던지는 메시지를 이렇게 요약한다.

"지금 우리는 자신의 일을 더 큰 목표와 연결해서 보기가 어려운 세상에서 살고 있습니다. 그러나 누구나 의미 있고 당당한 인생을 살 수 있어요. 성공과 실패의 기준은 스스로 세워야 합니다. 자신만의 의미를 정립하고 마음속에 깊이 새겨두려면 아주 강인해야 하죠. 그렇게 할 수 있다면 진정한 성취감과 구원을 느낄 수 있어요."

공허한 일에 매여 있으면서 삶에 존엄성을 부여하기는 어렵다. 가짜 노동으로 채워지는 시간은 가짜 인생에 가깝기 때문이다. 어떻게 해야 할까. 우선 그러한 노동을 강요하는 현실을 함께 개혁하는 작업이 필요하다(《가짜 노동》에 그 구체적인 제안들이 담겨 있다). 아울러 개인적으로 마음가짐을 바꿔야 하는데, 와타나베처럼 주어진 일의 의미를 새롭게 발견하면서 삶의 태도를 다잡을 수 있다. 공동체에 헌신하고 기여하는 데서 보람을 찾는 것이다.

이것은 인생 이모작에 접어드는 생애 단계에서 각별한 도전이 될 듯하다. 그동안 생존 경쟁에 급급해 자신이 정말로 무엇을 원하는지 돌아보지 못했지만, 이제는 인생의 큰 그림을 다시 그려야 한다. 와타나베는 어린이 놀이터에 열정을 쏟으면서 내면을 치유하고 인생의 목표를 수정했다. 영화 〈리빙〉에서 주인공은 후배 직원에게 편지 한 통을 남기는데(이 부분은 〈이키루〉에는 없다), 거기에 이런 구절이 나온다.

"어떤 목표를 위해 매일 애쓰는 건지 확신할 수 없는 날들이 찾아오면 (…) 우리의 작은 놀이터가 완성된 순간에 느꼈던 소박한 보람을 떠올려보길 바랍니다."

많은 사람이 무기력과 허무와 냉소의 늪에 빠져 있는 세상이다. 실존의 위기를 돌파하는 출구는 서로에게 손을 내미는 데서 찾아진다. 가슴이 열려야 존재를 회복할 수 있다. 자기를 넘어서는 세계로 시야를 확장할 때, 더 큰 주체의 부름에 응답할 수 있다. 불확실성의 구름이 짙게 드리운 미래, 온갖 걱정과 두려움으로 가득한 일상을 건너가는 힘이 거기에서 우러나온다.

223

선배

후대를 보살피며
나를 돌보기

"저는 고등학교 2학년부터 대학교 4학년 때까지 장학금을 받았습니다. 사법시험에 합격하고 선생님께 고맙다고 인사를 갔더니, 자기한테 고마워할 필요는 없고 이 사회에 있는 것을 너에게 주었을 뿐이니 혹시 갚아야 한다고 생각하면 이 사회에 갚으라고 말씀하셨습니다. 제가 이 사회에 조금이라도 기여한 것이 있다면, 그 말씀을 잊지 않았기 때문이라고 생각합니다."

2023년 널리 감동을 불러일으킨 김현지 감독의 다

큐멘터리 〈어른 김장하〉(영어 제목은 'A Man Who Heals the City')의 한 장면이다. 학생 시절 선생님의 장학금을 받고 공부했던 문형배 헌법재판소 재판관이 어느 행사장에서 눈물을 머금으며 했던 말이다.[38]

　김장하 선생은 경남 진주에서 60년 동안 번 수십억 원을 지역의 가난한 학생들에게 장학금으로 내주고, 여러 시민단체와 언론사를 후원했으며, 직접 설립한 고등학교를 국가에 헌납했다. 그가 얼마나 많은 장학금을 몇 명에게 주었는지는 한 번도 밝힌 적이 없지만, 대략 천 명 이상 되는 것으로 추정된다. 그러면서도 선생은 평생 자전거와 대중교통만 이용했고, 허름한 집에 살면서 낡은 옷을 입고 다녔다.

　어른. 이제는 그 의미와 실체가 모호해져버린 듯한 단어다. 그런데 이 다큐멘터리는 그것을 제목에 달았다. 영상을 연출한 김현지 감독은 그분에게 달리 붙일 수식어나 호칭이 없었다고 한다. 〈어른 김장하〉는 선생의 삶을 통해 우리에게 질문하는 듯하다. 이 시대에 어른은 어디에 있는가? 당신에게 어른은 누구인가, 또는 누구였는가? 그리고 당신은 어른인가?

　심리학자 에릭슨은 인간의 발달을 여덟 단계로 구분하고 각 단계마다 당면 과제를 제시한 바 있다. 그 가운데 중년기의 핵심 과제는 '생성성(generativity)*이라고 하면서, 그것을 제대로 실현하지 못하면 삶이 정체(stagnation)된다고 한다. 생성이란 한마디로 '아래 세대를 위한 창조성'이다. 인간은 육신이 쇠약해져도 내면에서는 생명의 기운이 우러나올 수 있다. 그것은 새로운 세상을 창조하는 공동의 능력을 키우면서 솟아오르는데, 자신만의 행복과 안위를 위해서가 아니라 다음 세대(generation)를 향해 뻗어간다. 인생의 후배들을 보살핌으로써 나를 돌보는 것, 후대에 봉사하는 동시에 자신의 안전을 도모하는 것이다. 더 나아가 자기의 삶

---

* 'generativity'는 영어권에서도 낯선 전문 용어다. 한국에서는 '생산성'으로 번역되기도 하는데 자칫 'productivity'와 혼동될 수 있다. '생성성'이라는 표현이 생소하긴 해도 에릭슨이 말하고자 하는 의미에 더 가깝다고 본다. '챗GPT'의 G(generative)도 '생성형'이라고 번역되는데, 뭔가 새롭게 만들어지는 이미지가 담겨 있다.

을 새롭게 하기 위해 후배들의 통찰과 에너지를 빌려오면서 함께 배우며 성장하는 것이다.

그런 의미에서 이 시대의 어른은 곧 인생의 선배여야 한다. '선배'는 흔히 '자기의 출신 학교를 먼저 졸업한 사람'을 뜻하지만, 요즘에는 학연과 관계없이 직장에서 나이가 많은 사람들을 친근하게 부르는 호칭으로도 자주 쓰인다. 그런데 국어사전을 찾아보면, '지위, 나이, 덕행, 경험 등이 자기보다 앞서거나 높은 사람'이라는 풀이가 먼저 올라와 있다. 외형적인 높이가 아니라 덕행과 경험에서 앞서는 사람이 '선배'인 것이다. 나이가 들면서 인생의 후배들에게 그런 존재가 될 수 있다면 보람차고 뿌듯한 노년을 맞이할 수 있으리라.

여기서 '선배'라는 단어를 조금 깊게 탐구해본다. 선배의 한자는 '先(앞설-선)', '輩(무리-배)'인데, '先'을 '仙(신선-선)'으로 바꾸면 '仙輩'가 된다. 실제로 그런 말이 있었다. 우리가 잘 아는 신라 시대 '화랑'의 원형이 고구려의 '선배(仙輩)'라고 한다. 고구려에서는 '선배'를 뽑아서 학문에 힘쓰고, 여러 가지 기예를 익히고, 가까운 산을 찾아 탐험을 하고, 시가와 음악을 익히고, 공동으로 한곳에 모여 숙식을 했다는 기록이 있다. 평소에는 환난 구제나 성곽·도로 축성에 관여하다가 전쟁 때는 나가서 싸워 죽는 걸 영광으로 알았다고 한다. 즉 공익을 위해 한 몸 희생하는 것이 '선배'들이었다는 것이다. 어쩌면 지금 우리 시대에 필요한 선배는 그런 모습이 아닐까.

그런 선배는 저절로 되지 않는다. 나이가 많다고 무조건 부여되는 자격이 아니라, 스스로를 닦고 내적인 성장을 기하면서 형성해가는 품성이다. 자신의 일과 삶에서 '멋'을 빚어낼 수 있는 내공이다. 그런데 그 경지에 이르는 길은 각자 고독하게 걸어가는 오솔길이 아니다. 더 나은 세상을 만들어가고자 하는 시민들이 손을 잡고 행진하는 대로(大路)다. 폐쇄적인 인연의 틀을 넘어서 공공선을 위해 연대하는 운동 속에서 우리는 삶을 고양시킬 수 있다. 사회의 진보에 기여하고 후배의 성장을 위해 헌신하면서 자기 존재를 확장할 수 있다. 그렇게 하여 '선배 시민'으로 나아갈 때, 상처와

얼룩투성이의 생애도 다음 세대를 위한 밑거름이요 선물이 될 것이다.

김장하 선생은 1991년, 자신이 설립한 명신고등학교 국가 기증 선언 및 이사장 퇴임식에서, 재산을 후학들을 위해 내놓는 이유를 이렇게 말했다.

"내가 배우지 못했던 원인이 오직 가난이었다면, 그 억울함을 다른 나의 후배들이 가져서는 안 되겠다 하는 것이고, 그리고 한약업에 종사하면서 내가 돈을 번다면 그것은 세상의 병든 이들, 곧 누구보다도 불행한 사람들에게서 거둔 이윤이겠기에, 그것은 나 자신을 위해 쓰여서는 안 되겠다는 생각 때문이었습니다."[39]

고령자가 빠르게 늘어나지만 '무해한 어른'은 점점 줄어든다. 부러운 사람은 많은데 닮고 싶은 사람을 만나기는 어렵다. 어른이 절실한 시대다. 어른은 누구인가. 오래 닦아온 인품과 덕성으로 주변에 맑고 밝은 기운을 불어넣는 사람이다. 후배들에게 더 나은 세상을 물려주기 위해 자신의 편익을 기꺼이 내려놓는 선배다. 그런 태도는 어떻게 체득될 수 있을까.

인생의 유한성을 명료하게 자각하면서, 원대한 비전에 접속하는 영혼의 기술을 연마해야 한다. 에릭슨은 말년에 인간의 발달에 아홉 번째 단계를 추가했는데, '죽음을 향해 성장하는 것'이었다. 현재와 과거와 미래를 유기적으로 통합하고, 다음 세대와의 연결을 도모하면서 궁극적인 실재를 향해 한 걸음씩 나아가야 한다. 더 높은 존재로 향상하고자 하는 마음이 지금 이 순간을 빛나게 한다.

시간

망년 왕년
송년

예전에 송년회를 '망년회'라고 부른 시절이 있었다. 음울한 기억으로 가득 찬 시간을 깨끗이 지우고[忘] 싶은 마음이 담겨 있는 듯하다. 이상의 〈날개〉에 나온 표현을 빌려 말하자면, 지난 한 해를 '봉쇄'해버리고 전혀 다른 시공간으로 비상하기를 꿈꾼다.

다른 한편, 지나가 버리면 아쉬워지는 것이 있다. 김광석의 노래 〈서른 즈음에〉를 보자. '점점 더 멀어져 간다. 머물러 있는 청춘인 줄 알았는데 (…) 조금씩 잊혀져 간다. 머물러 있는 사랑인 줄 알았는데~' 떠나가 버리는 젊음과 사랑을 애석해하면서 우리는 청년기를 벗어나는 것이다. 나이가 들면서 상실의 목록은 점점 늘어나고, 세월의 덧없음을 온몸으로 실감하게 된다. 시곗바늘을 늦추기 위해 안간힘을 쓰지만 노화는 가차없이 진행되고 사회적인 입지도 점점 줄어든다.

중년 이후에 '라떼는'의 화법을 즐기고 과거형의 시제에 익숙해진다면, 현재가 궁색하고 미래가 불안하기 때문이 아닐까 싶다. 그런데 그렇다고 과연 지난 시절을 소중하게 간직하는가. 생애의 연속적인 흐름을 담아내는 자신만의 서사를 지니고 있는가. '내가 왕년(往年)에 말이야…' 하는 언설은 특정한 경험만 취사선택하여 그럴듯한 이미지를 연출하는 경향이 짙다. 그런 위세에 집착하는 사람일수록 그 이면에 숨어 있는 그늘은 감추기 일쑤다. 그래서 과거는 파편화되고, 현재와 단절된다.

지금 우리에게 필요한 것은 구불구불하고 울퉁불퉁한 삶의 경로를 정면으로 응시하는 눈이다. 구멍 난 자아상과 조각 난 마음을 있는 그대로 끌어안는 자세다. 지나간 시간과 화해하지 못하면 다가오는 시간을 편안하게 맞이하기 어렵다. 과오를 냉철하게 반성하되 스스로를 너그럽게 용서할 때 인생의 주인이 될 수 있다. 자신의 허물을 명료하게 인식하면서 후회나 자책감은 걷어내는 기술이 똑같은 실수 혹은 실패를 되풀이하지 않게 해준다. 재생과 도약의 지렛대는 그러한 마인드셋에서 만들어진다.

"삶에 희망이 있다는 말은, 앞으로는 좋은 일만 있을 것이라는 뜻이 아니라, 우리의 지난 시간이 헛된 것이 아니라는 뜻이다."[40]

문학평론가 신형철의 말이다. 희망은 미래에 대한 막연한 바람이나 기대가 아니라, 살아온 날들을 새롭게 해석하는 데서 싹트는 생명의 기운이다. 겉으로 드러나는 일에 일희일비하는 것이 아니라, 어떤 난관에서도 의연하게 자아를 지속시키면서 생의 비전을 실현해가는 내적인 동력이 희망이다. 그것은 고독하고도 심오한 에너지다.

생존에서 생성으로

한 해를 배웅하고[送年] 새해를 마중하는 느낌은 무엇인가. 끝과 시작을 잇는 시간의 매듭을 묶으며 심신을 리셋하자. 마지막 일몰과 첫 일출 사이에서 깊게 숨고르기를 해보자. 변하는 것과 변하지 않는 것, 할 수 있는 것과 할 수 없는 것을 잘 분별하면서 난감한 시대를 통과하자. 원숙하고 품위 있는 나이 듦의 길이 거기에 있다. 부산 기장의 해동용궁사 비석에는 다음과 같은 글귀가 쓰여 있다.

"너의 과거를 알고 싶거든 지금 네가 받고 있는 것을 보고, 너의 미래를 알고 싶거든 네가 지금 하고 있는 것을 보아라."

후회

짧고
정확하게

한 해의 끝자락에 설 때마다 시간의 오묘함을 새삼 느낀다. 세월은 강물처럼 흘러가는데 새해는 어김없이 흘러온다. 그 불가역성과 순환성의 교차점에서 우리는 삶의 한 매듭을 지을 수 있다. 이 무렵 마음의 풍경은 어떤 모양과 색채로 그려지는가. 뿌듯함보다는 아쉬움이, 감사보다는 원망이 짙게 배어난다면 왜 그런가.

'절대 후회하지 않을 거예요.' 쇼핑을 권유하는 상투적인 문구 가운데 하나다. 그 말을 믿고 카드를 긁었는데 곧 충동 구매였음이 드러나기 일쑤다. 상품의 선택이라면 비교적 간단하게 털어버릴 수 있다. 하지만 주식이나 가상화폐 투자, 주택 구매, 학과나 직장 선택 등의 경우에는 탄식이 깊다. 미련과 집착에 시달리고 이불킥으로 밤잠을 설치기도 한다. 손실을 만회하거나 진로를 바꾸는 데 시간과 품이 많이 들기 때문이다.

훨씬 더 뼈저린 회한이 있다. 사람들이 죽기 전에 후회하는 것들이다. 자신의 삶을 살지 못한 것, 몸을 돌보지 않은 것, 여행을 많이 하지 못한 것, 도전적으로 살지 않은 것, 감정을 제대로 표현하지 못한 것, 일에 몰두하느라 가족을 소홀히 대한 것, 친구들과 자주 연락하지 못한 것, 누군가와 화해하지 않은 것…. 무엇인가를 '해서'가 아니라 '하지 않아서' 후회한다는 공통점이 있다. 삶을 충분히 누리지 못하고 다른 사람들과 우애를 나누지 않은 것을 애석하게 여기는 것이다.

인간이 후회를 할 수 있는 것도 과거로 시간 여행을 떠나 그 시점에서 실제와 다르게 전개되는 스토리를 창조할 수 있기 때문이다. 허구를 지어내는 능력은 인간에게 주어진 고유한 능력이다. 그 상상력이 과거에 발목 잡히지 않고 미래를 창조하는 원천이 되면 좋겠다. 미래학자 다니엘 핑크는《후회의 재발견》에서 이렇게 말한다.

> 우리가 후회를 경험하는 능력은 시간을 거슬러 과거로 돌아가 사건을 다시 쓰고, 원래보다 더 행복한 결말을 만들어내는 상상력에 달려 있다. 후회에 반응하고 그것을 좋게 활용하는 능력은 우리의 내러티브 기술에 달려 있다. 그리고 이는 다음과 같은 질문으로 이어진다. 이 이야기에서 우리는 창조자인가, 등장인물인가? (…) 우리는 둘 다이다. 우리의 삶이 우리 자신에게 하는 이야기라면, 후회는 우리에게 이중적인 역할이 있음을 상기시킨다. 우리는 작가이자 배우다. 우리는 줄거리를 만들어낼 수 있지만 완성하지는 못한다.[41]

후회는 '정확하게' 그리고 '짧게' 하라는 말이 있다.

자신의 불찰을 명료하고 정직하게 인식하되, 부정적 감정은 빨리 털어버려야 한다는 것이다. 오래전 붓다는 "싫은 과거를 돌아보지 않으려면 떠올리지 말아야 한다. 혹시 떠오르더라도 반응하지 말아야 한다"고 말했다.[42] 여기서 '반응'이란, 자신의 어리석음에 대한 분노에 사로잡히거나 이미 지나간 것에 대한 망상으로 괴로워하는 것을 가리킨다.

그런 마음의 습관을 내려놓고, 있는 그대로의 경험과 사실을 냉정하게 돌아볼 필요가 있다. 이를 지인들과 함께 하면 효과적인데, '실패 박람회' 같은 형식이 유용하다. 회사에서 정기적으로 모든 임직원이 그동안 실수했던 사례를 하나씩 진열해보자. 가정에서도 부모와 자녀가 함께 해보면 새로운 말문이 트일 수 있다. 저마다 경험을 나누다 보면, 감추고 싶은 시행착오가 오히려 배움의 선물이 될 수 있음을 깨닫는다. 아울러 서로에 대한 신뢰를 쌓으면서 실패와 평가에 대한 두려움을 줄일 수 있다.

휴지통에 넣고 싶은 기억이 가득 떠오르는 연말, 슬

기로운 송구영신(送舊迎新)이 되려면 무엇이 필요한가. 허상에 도취되어 우쭐대거나, 정반대로 상투적 자기 비하에 빠지는 마음의 습관과 헤어지기로 결심하자. 괜찮은 것과 괜찮지 않은 것을 제대로 분별하고, 바꿀 수 있는 것(통제할 수 있는 것)과 바꿀 수 없는 것(통제할 수 없는 것)을 명료하게 구분하며, 내가 책임질 것과 세상을 탓할 것 사이의 경계를 긋자. 스스로를 엄격하게 대하면서도 너그럽게 보듬어주자. 삶의 안과 밖이 연결되는 통로, 온전한 자아에 이르는 입구가 거기에서 열린다.

"내가 아무것도 아님을 이해하는 것이 지혜라면, 내가 전부임을 깨닫는 것이 사랑이다. 그리고 그 둘 사이를 오가며 내 삶은 나아간다." 인도의 구루, 니사르가닷따 마하라지의 말이다.

생존에서 생성으로

상실

말년의 은총으로
빛나도록

나이가 들면서 조문객으로 지인을 만나는 일이 잦아진다. 부모상만이 아니다. 친구나 선후배 본인의 부고도 늘어난다. 기대 수명이 많이 늘어나긴 했어도 중년 이후에는 사망률이 빠르게 올라간다. 30년 뒤 한 해 사망하는 한국인은 지금의 두 배 정도인 70만 명 대에 이를 것으로 예상되는데, 인구층이 두터운 베이비부머가 대거 임종하기 때문이다. 그 무렵 사별의 문화는 어떤 모습일까.

몇 해 전 오랫동안 교분을 나눠온 후배가 세상을 떠났다. 상을 치르고 나서도 꽤 오랫동안 실감이 나지 않았는데, 유난히 더 그렇게 느껴진 까닭이 있다. 카톡의 대화 상대 가운데 첫 사별이었기 때문이다. 가족이 그 계정을 없앤다 해도 그동안 오갔던 메시지는 내 휴대전화에 고스란히 남아 있다. 대화를 나눌 순 없지만 차마 삭제할 수가 없었다. 몸은 떠나갔어도, 마음속에서는 곧바로 결별하고 싶지 않았기 때문이다. 이런 이유로 고인과의 대화방을 보존하는 이들이 많다.

이삼십 년 후 내 또래의 휴대전화를 상상해본다. 전화번호부에 더 이상 통화할 수 없는 이름이 절반 이상이 될지도 모른다. 카톡방은 어떨까. 친구나 동문 모임처럼 신입 멤버가 없는 공간에서는 어느 시점부터 인원이 빠르게 줄어들어 마지막에 한 사람만 남게 될 것이다. 텅 빈 대화방에 저장된 메시지들을 바라보는 심경은 황량하리라. 아날로그 세계에서는 망자가 서서히 잊혀가지만, 디지털의 세계에서는 있음과 없음이 0/1의 부호로 명확하게 구별되고 가시화된다.

사실 죽음은 한순간 찍히는 '점'이 아니라, 조금씩 희미해지다가 사라지는 '선'에 가깝다. 유병장수(有病長壽)의 시대에 그 선은 점점 길어진다. 죽음에 이르는 길이 갈수록 구불구불하고 아득해지는 것이다. 그 여정을 통과하는 모습은 천차만별이다. 어느 나이까지 비슷한 지위와 이력을 밟아온 사람들인데 생애의 끝자락에선 전혀 다른 처지에 놓인다. 경제적 여건과 건강이 물론 중요한 변수지만, 결정적인 것은 인간관계다. 가족과 소통이 잘 되는지, 또는 편안하게 어울리는 친구가 얼마나 되는지에 따라 인생 막바지의 행복이 좌우된다.

한동안 자주 연락을 주고받던 지인이나 친구들 가운데 소식이 끊긴 이들이 있다. 주위에 수소문해봐도 추적이 되지 않을 만큼 완전히 두절되어 버린 것이다. 그러다가 몇몇은 사업 실패나 위중한 질환 등으로 두문불출하고 있음이 뒤늦게 알려지기도 하고, 세상을 떠나고 한참 지나서야 부고를 받게 되는 경우도 있다. 개인적으로 힘겨운 상황에 몰리면서 사회적 관계를 닫

아버리는 심정은 이해할 만하다. 초라하게 스러져가는 모습을 보여주고 싶지 않은 것이다.

늙어간다는 것은 상실의 연속이라고 할 수 있다. 지위, 역할, 건강, 기억력 그리고 인간관계를 하나둘씩 잃어버리는 것이다. 그 과정이 덜 외로우려면 무엇이 필요할까. 주위를 살피면서 곤경에 처한 이들의 안부를 수시로 묻고 일상을 챙겨주어야 한다. 하지만 우리에게는 타인을 격려하는 언어가 빈곤하고, 위로의 문법이 취약하다. 게다가 가난이나 질환 등으로 자신의 일상조차 버거워지면 서로에 대해 소홀해지고 고립과 단절에 이르기 쉽다. 돌봄을 주변화하고 죽음을 멀리하는 사회에서 노년은 서럽고 고달프다.

수명이 늘어나면서 인생의 말년도 연장된다. 그것은 노년이 아닌 중년에 시작되기도 한다. 그 시간을 어떻게 바라볼 것인가. 비참한 쇠락일 뿐인가? 그렇지 않다. 우리는 상실을 통해 비로소 삶의 깊은 진실에 눈을 뜰 수 있다. 심신의 나약함을 받아들이고 죽음을 정직하게 마주하면서 영혼의 진검승부를 펼칠 수 있다. 지

243

금 이 순간 살아 있음의 축복을 누리면서, 시간의 밀도는 한결 충실해진다. 그런 점에서 말년은 더 커다란 존재로 나아가는 입구가 아닐까.

그 길목에서 우리는 새로운 자아를 만나고 진짜 친구들을 알아보게 된다. 저물어가는 인생의 곁에 있어줄, 나의 속 깊은 이야기를 들어주고 죽음 앞에 선 자화상을 비춰줄 이는 누구인가. 자신이 무의미하게 소멸한다고 느끼지 않을 수 있도록 존재를 지탱해주고 증언해줄 수 있는 벗 말이다. 생사의 경계를 넘어서 온전히 연결되는 관계, 서로의 기억 속에서 시간의 향기를 빚어내는 인연이 소중하다. 오늘 우리가 나누는 디지털 메시지는 그렇듯 은총 가득한 우정의 증거가 될 수 있다.

죽음,

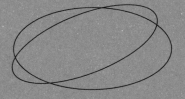

삶을 깨닫는
화두

매일을 마지막처럼
사는 자에게는 결코
시간이 부족하지 않다.

•

세네카

유병장수

이제는 죽음을
공부해야 할 때

살아 있는 모든 것은 죽는다. 시간의 위력 앞에서 어떤
생명체도 자유로울 수 없다. 일정한 시기가 되면 노화
가 시작되고 마침내 생의 종지부를 찍게 된다. 그런데
자연에서 서식하는 동물들의 경우 그 최종 경로는 매
우 짧고 단순하다. 곤충은 아예 노년기가 없다고 할 수
도 있고, 초식동물은 몸이 어느 정도 노쇠해지면 민첩
성이 떨어져 곧 잡아먹힌다. 포식동물도 무력한 신세
로 전락한다. 사냥의 성공률이 급격하게 낮아지면서

굶는 시간이 길어지고, 치아가 허약해지면 생계 능력이 결정적으로 쇠퇴해 모든 먹잇감은 그림의 떡이 된다('이빨 빠진 호랑이'라는 비유는 그런 엄혹한 현실을 반영한다).

그에 비해 인간은 노후가 긴 편이다. 여자가 더 이상 임신을 할 수 없게 되어도, 남자가 자신의 먹을거리를 손수 마련하지 못하게 된 이후에도 꽤 긴 여생이 주어진다. 이는 아득한 원시 시대부터 그러했는데, 손주를 돌보는 데 도움이 되었기 때문이라는 설명이 설득력 있다. 다른 동물과 달리 인간의 아기는 오랫동안 보살펴주어야 하기에 부모에게 과중한 부하가 걸린다. 조부모 세대의 공동체 구성원들이 산모의 육아를 거들어줄 수 있다면 그 친족 집단의 번식률은 한결 높아지기 마련이다. 이렇듯 인간의 긴 수명은 인구 재생산에 중요한 토대였다고 할 수 있다. 그렇긴 해도 근대 이전까지 인간의 평균 수명은 40대에 머물렀다. 물론 유아 사망이 워낙 많아서 평균 수명이 낮았던 것이지만, 그런 조기 사망이 아니라도 환갑이나 칠순을 맞이하는 사람은 드물었다.

　20세기에 들어와서 전 세계적으로 수명이 비약적으로 늘어났다. 상하수도 정비 등에 따른 위생의 개선, 녹색 혁명 덕분에 주어진 식탁의 풍요, 근대 의학이 빛나는 공을 세운 전염병 퇴치 및 공중보건과 응급 처치, 치과 의술 등이 그 배경에 깔려 있다. 뒤늦게 산업화에 합류한 사회일수록 그 혜택을 '압축적으로' 누리면서 매우 빠르게 수명이 늘어났다. 한국의 경우 1980년대부터 40년 동안 무려 스무 살이나 늘어나 어느새 평균 수명은 80세를 훌쩍 넘어섰다. 이제 옛날과 같은 환갑잔치는 거의 사라졌고, 70대에 돌아가셔도 호상(好喪)이라고 말하기 어려운 분위기가 되었다.

　세계 최하위의 저출산과 맞물려 인류 역사상 가장 빠른 속도로 진행되는 고령화 속도에 한국 사회는 제대로 대처하지 못하고 있다. 개인의 노후 준비가 허술하고, 노년의 삶을 지탱해줄 사회적 기반이 취약해지고 있으며, 국가의 노동 및 복지 정책이 현실을 따라가지 못하고 있다. 그 결과 점점 길어지는 노년은 불안과 고통으로 점철되기 쉽다. 2000년 이후 20년 사이에 다섯 배가 늘어난 노인 자살이 그 단적인 지표가 된다. 오래전에 〈장수 만세〉라는 텔레비전 프로그램이 있었는데, 사뭇 격세지감이 느껴진다.

　노년의 삶에 괴로움이 가중되는 데는 여러 원인이 있겠지만, 죽음에 이르는 과정이 너무 힘겨워진 것이 중요하게 거론된다. 우선 그 시간이 길어졌다. 기대 수명 및 평균 수명이 크게 늘어난 것에 비해 '건강 수명'은 많이 늘지 않았다. 심신이 골골 아프며 시달리는 세월이 길어진 유병장수의 시대가 된 것이다. 근대 이전에 주요한 사망 원인이었던 전염병은 상당 부분 퇴치되다시피 했지만, 그 대신 대사증후군 계열의 만성 질환이 급증하고 있고 이는 첨단 의학으로도 완치가 안 되기 때문이다. 일상생활에 심각한 장애를 안고 있지만 그렇다고 당장 생명이 끝나는 것도 아닌 투병 단계를 오래 통과해야 하는데, 이는 생애의 긴 흐름에서 보면 죽음과 힘겹게 겨루어야 하는 시간이 길어진 것으로 해석할 수 있다.

시간이 길어진 것과 함께 그 과정이 복잡해진 것도 말년의 역경을 악화시키는 요인이 된다. 예전에는 발병에서 사망까지의 경로가 매우 간명하고 단순했다. 운명에 몸을 맡기거나 스스로 최대한 버티는 것밖에는 별다른 선택의 여지가 없었던 것이다. 그런데 최근에는 병을 치료하지는 못하면서 증세만 완화시키거나 단지 목숨만 가까스로 연장시키는 의술이 고도로 발달하고 있다. 그래서 환자나 가족은 여러 차례 중대한 선택의 기로에 서게 된다. 완치의 가능성이 불투명한 가운데, 얼마만큼 의학적인 조치를 추가할 것인가를 결단해야 한다. 병의 증세, 경제력, 가족 및 기타 인간관계, 취득되는 정보, 담당 의료진의 성향, 본인 및 가족의 성격 및 가치관 등이 변수가 된다고 할 수 있다.

그러한 의료적 차원과 함께 점점 어려워지는 것은 사회·심리적인 상황이다. 똑같은 질환을 앓고 비슷한 의료적 처치를 받으면서도 환자의 일상생활과 심정은 전혀 다를 수 있다. 인간관계가 관건이다. 사람과 사람 사이의 연결이 전반적으로 희박해지고 1인 가구가 급

속도로 증가하면서, 외로움은 점점 더 많은 노인에게 숙명이 되고 있다. 그리고 그 연장선상에서 고독사 혹은 무연고 사망이 빠르게 늘고 있다. 아무도 그런 임종을 원치 않지만, 그렇다고 그런 사태를 미연에 막기 위해 뭔가를 준비하고 노력하는 것에도 근본적인 한계가 있다. 심지어 돈의 힘으로도 어찌할 수 없는 경우가 적지 않다.

이렇듯 한편으로는 의료적인 여건, 다른 한편으로는 사회적인 맥락이 어떻게 중첩되느냐에 따라 죽음에 이르는 경로는 점점 더 다양해지는 추세다. 백이면 백 저마다 다른 모습과 방식으로 인생의 최후를 맞이하는 것이다. 그 스펙트럼은 최근에 갑자기 넓어졌고 앞으로 계속 확장될 것이다. 그 천차만별의 유형 앞에서 우리는 당황하고 있다. 죽음은 가장 확실한 미래지만, 거기에 이르는 길은 너무도 불확실하다. 전문가들도 별다른 도움을 주지 못한다. 정답이 있는 것이 아니라 결정적인 시점에 본인과 가족이 용단을 내리고 그 결과를 감당해야 하기 때문이다.

상황이 점점 난감해지는 한 가지 결정적인 이유는 그런 경험들이 사회적으로 공유되지 않기 때문이다. 마을 공동체가 살아 있었을 때는 다른 집안에서 일어나는 일이 거의 노출되어 있었고, 늙음과 죽음도 예외가 아니었다. 어릴 때부터 가까운 이웃이 생애를 마감하는 모습과 그 가족의 대응을 생생하게 지켜보면서, 사리를 분별하는 안목을 자연스럽게 키울 수 있었다. 한 해에도 수차례 거행되는 장례식은 마을의 공동 의례로서 삶과 죽음의 밀접한 고리를 확인하는 장이었다. 생활 속에서 이뤄지는 일종의 '죽음 교육'이었던 셈이다.

　　그런데 언제부터인가 죽음이 일상에서 사라졌다. 이웃관계가 단절되었을 뿐 아니라, 집에서 장례를 치르지 않는다. 이제 마을에서 조등(弔燈)을 찾아볼 수 없게 되었다. 병원이나 요양원에서 죽음을 맞고, 병원에 빈소가 마련된다. 조문 행렬은 이어지지만, 장례식은 (하객들과 함께하는 결혼식과 달리) 조촐한 가족 행사일 뿐이다. 노인 인구가 많아져 사망자 수가 급증하지만,

죽음은 사적인 영역 안에 감춰져 있다. 다른 사람들의 임종이나 사별 경험을 생생하게 접하지 못하기에 그에 대한 상상력도 빈약하다. 그러다가 발등에 불이 떨어지듯 자신이나 가족에게 일이 닥치면 허둥댈 수밖에 없다.

다른 한편, 대중문화에서는 죽음이 자극적으로 다뤄진다. 대중매체나 인터넷에서 참사의 순간이나 현장이 영상으로 유통되고, 영화나 게임에서도 잔혹한 장면들을 연출한다. 이런 현상을 가리켜 '포르노화된 죽음'이라고도 한다. 그렇듯 공포스럽게 묘사되는 죽음을 거듭 접하다 보면 죽음 자체에 대해 부정적인 태도와 거부감을 갖게 되고, 자신의 궁극적인 운명에 대해서도 자꾸만 회피하고 싶어진다. 죽음은 점점 복잡해지고 난해해지는데, 그것을 어떻게 이해하고 대응할지에 대해서는 갈수록 문외한이 되어간다.

이제 죽음에 대해 공부해야 한다. 자신과 가까운 사람들의 죽음을 예견하고 그것을 둘러싼 사회적 조건을 폭넓게 살펴야 한다. 삶과 죽음의 겉모습과 속살을 다각적으로 성찰하면서, 그 과정을 어떻게 다루고 무엇을 바꿔야 하는지 공론장에서 진지하게 논의해야 한다. 국가의 정책도 그러한 맥락 속에서 구상되고 실행될 때 실속 있는 복지가 된다. 어떻게 죽는가는 어떻게 사는가의 문제라고 흔히 이야기하는데, 이는 개인뿐만 아니라 사회 전체에도 적용된다.

연명

병원에만 맡겨두어도
괜찮은가

스티브 잡스는 죽음을 가리켜 신의 최고 발명품이라고 했다. 궤변 같지만 맞는 말이다. 만일 죽음이 없다면 이 세상은 끔찍한 곳이 되고 말 것이다. 누구나 죽음을 두려워하지만, 그렇다고 한없이 늙고 아프기만 하고 죽지 않는다면 그것이야말로 무서운 형벌이 될 것이다. 주제 사라마구의 소설《죽음의 중지》[43]에서 그런 상황을 리얼하게 그리고 있는데, 죽음이 사라진 세상은 곧 아수라장이 된다. 생명체에게 죽음은 탄생과 똑같은 비중으로 아름다운 사건이다. 다만 인간의 경우, 죽음의 경험이 유달리 버거울 수 있다. 우리가 두려워하는 것은 죽음 그 자체이기도 하지만, 거기에 이르면서 겪게 되는 고통이 더 문제가 아닐까.

당신은 어떻게 죽고 싶은가? 이 질문이 막연하다면, 거꾸로 뒤집어볼 수도 있다. 당신은 어떻게 죽고 싶지 않은가? 그다지 어렵지 않은 질문이다. 그리고 답도 거의 비슷하리라고 예상된다. 사고사, 타살, 자살, 객사, 고독사 등이 공통적으로 나올 듯하다. 여기에서 한 가지 보충 질문을 추가해보자. 당신은 어디에서 죽고 싶은가? 근대 이전의 사람들에게 이런 질문은 생뚱맞은 것이었으리라. 전쟁이나 처형 등 특별한 경우가 아니라면 거의 모든 사람이 집에서 죽었기 때문이다. 그러나 지금은 80퍼센트 정도가 병원 또는 요양원에서 죽고, 집에서 임종하는 비율은 15퍼센트에 못 미친다. 그런데 당신은 정말로 의료 시설에서 죽기를 원하는가?

의사에게 자신의 최후를 맡기면서 우리는 많은 것을 감내해야 한다. 톨스토이의 〈이반 일리치의 죽음〉을 보면, 한때 판사로서 드높은 위세를 누리던 주인공이 작은 낙상 사고 이후 갑자기 쇠약해가는 장면을 세밀하게 묘사하고 있다. 그동안 굽실거리던 사람들이 싸늘하게 외면하고, 가족마저 이기적인 계산대에 주인공을 올려놓고 저울질한다. 그리고 정기적으로 방문하는 의사가 자신을 대하는 방식이 몹시 사무적이고 위압적이어서 모멸감을 느끼게 된다. 자신도 한때는 의사보다 더 떵떵거리고 살았는데, 이제는 초라한 환자로 전락해 그의 '갑질'을 고스란히 감내해야 하는 처지가 되었다. 시공간에서 큰 차이가 나는 경험이지만, 지금 읽어도 바로 짐작이 가는 장면이다. 예전에 비해 많이 나아지긴 했지만 환자들은 여전히 진찰과 치료 과정에서 크고 작은 수모를 겪게 된다.

그런데 우리가 병원에서 겪는 곤경은 단순히 의료진의 고압적이거나 불친절한 태도 때문만이 아니다. 의료 시스템 자체가 불러일으키는 소외감과 불안이 더 큰 문제다. 물론 전문 지식과 첨단 장비를 갖춘 제도에 몸을 맡기는 것은 적지 않은 위로와 안심이 될 수 있다.

그리고 의사를 신뢰해야 치료 효과도 높다. 그러나 문제는 현대의 의료 시스템이 그만큼 전문적인가 하는 것이다. 의학은 놀라운 혁신을 거듭하고 있지만, 여전히 미개척이거나 이제 막 본격적인 연구가 시작된 분야가 너무 많다. 갈수록 세분화되는 전문 영역 사이에 유기적인 연계가 이뤄지지 않아서 총체적인 접근이 점점 취약해진다. 끊이지 않는 의료사고는 그 한 가지 증상일 뿐이다.

더욱 근본적인 문제는 죽음을 다루는 패러다임이다. 현대 의료는 죽음과 맞서 싸우려고만 한다. 그래서 죽어가는 과정을 제대로 보살피고 지원하지 못한다. 치료(cure)에만 초점을 맞춘 나머지 돌봄(care)은 소홀히 하는 것이다. 이는 현대 의학의 태생적 한계라고도 할 수 있다. 전염병이나 자연재해, 전쟁 등 외부적인 원인으로 목숨을 잃는 사람이 많았던 시절에 죽음이란 극복의 대상이었다. 최대한 사람을 살리려는 목적으로 여러 의술과 약품이 개발되었고 그 진보는 점점 속도를 높여왔다.

그러나 정도가 지나치면 모자람만 못하다는 것이 여기에도 적용된다. 지금은 생명을 연장하는 기술이 너무나 발달하여, 치료도 못 하면서 환자가 고통 받는 시간만 길어지는 경우가 많아졌다. 심장을 깨우고 호흡을 유도하는 장치, 음식 섭취가 불가능한 상태에서 처방되는 각종 영양주사, 기능이 떨어지는 부위를 보조하는 기구 등이 계속 나오면서, 예전 같으면 진작 생을 마감했을 환자가 최소한의 수준에서 생명을 오래 유지하게 된 것이다. 그 결과 삶과 죽음의 경계가 점점 모호해진다. 그 구분은 의학적인 판정과 조치에 따라 이뤄진다.

그런데 의료 시스템이 죽음에 그렇듯 절대적인 권위를 가지고 개입해도 괜찮은 것일까? 의사로서 오랫동안 환자들의 최후를 지켜봐온 아툴 가완디는《어떻게 죽을 것인가》(원제는 'Being Mortal')에서 다음과 같이 쓰고 있다.

의학은 아주 작은 영역에 초점을 맞춘다. 의료 전

문가들은 마음과 영혼을 유지하는 게 아니라 신체적인 건강을 복구하는 데 집중한다. 그럼에도 우리는―바로 이 부분이 고통스러운 역설을 만들어내는데―삶이 기울어가는 마지막 단계에 우리가 어떻게살 것인지를 결정할 권한을 의료 전문가들에게 맡겨버렸다. 반세기 넘는 세월 동안 질병, 노화, 죽음에따르는 여러 가지 시련은 의학적인 관심사로 다뤄져왔다. 인간의 욕구에 대한 깊은 이해보다 기술적인전문성에 더 가치를 두는 사람들에게 우리 운명을맡기는, 일종의 사회공학적 실험이었다. 그 실험은실패로 끝났다.[44]

이 책의 한국어판에는 '현대 의학이 놓치고 있는 삶의 마지막 순간'이라는 부제가 붙어 있다. 죽음이 오로지 의학적인 주제와 쟁점일 뿐인가 하는 질문을 암시한다. 저자에 따르면, 인류가 지구상에 존재한 이후 대부분 기간 동안 육체적인 고통은 근본적으로 혼자 견뎌내야 하는 것이었다. 사람들은 주로 자연과 운명, 그리고 가족과 종교의 보살핌에 의존했고, 의술은 그 외에 시도해볼 수 있는 또 하나의 도구일 뿐이었다. 그러던 것이 현대 의학이 비약적으로 발달하면서 죽음의 모든 것을 관장하기에 이르렀다. 1950년대에 접어들어 미국과 영국에서는 사망 진단서에 '노령'을 유일한 원인으로 기재할 수 없게 되었다. 지금도 '자연사'라고 언급하는 것은 불법이라고 한다. 사람은 질병으로만 죽게 되어 있는 것이다.[45]

　죽음이 의료 패러다임에 포섭되면서 인간 존재의 다차원적인 본질이 평면화되었다. 과학적 도식으로 설명되는 현상들 위주로 다뤄지면서 환자나 가족이 신중하게 고민하고 해석하고 수용해야 하는 부분들은 무시된다. 그 결과 죽음에 대한 공포만 커지고, 생존에 대한 맹목적 집착 속에서 무의미한 연명치료가 횡행한다. 그래서 엄청난 의료비가 소생 가능성이 없어진 말기에 투입되는데, 이는 개인적으로나 사회적으로 대단한 손실이 아닐 수 없다. 단지 금전적인 차원만이 아니다. 차분하게 자신의 생애를 돌아보면서 주변을 정리하고 마무리할 수 있는 여유를 갖지 못하는 것도 큰 손실이다.

날로 상업화되는 의료는 연명에 대한 끝없는 욕망에 부합하면서, 또는 그것을 부추기면서 죽음과 치열하게 대결하고 있다. 불로초를 찾아 나선 진시황의 프로젝트가 첨단 지식과 테크놀로지에 의해 계속 수행된다. 노화와 죽음조차 합리적 기획의 대상이 되고, 그러한 불사(不死)의 꿈에 막대한 자본이 투자된다. 그래서 앞으로 인간의 평균 수명이 얼마나 더 연장될지 예측하기 어렵다고 한다. 120세까지는 무난히 달성되리라는 관측도 나온다. 바야흐로 죽음 자체를 소멸시키는 '죽음의 죽음'을 향해 질주하고 있는 것이다. 그러나 아무리 과학기술이 진보한다 해도 죽음은 불가피한 절대 운명이고, 다만 그 시점만 계속 미뤄질 뿐이다.

문제는 그렇게 해서 길어지는 노년이 불행해질 가능성이 높다는 점이다. 의료는 그 삶의 질을 높여주기는커녕 투병 기간만 늘이기 십상이다. 타인에게 사회적으로 짐이 되는 신세로 전락해 황혼기를 초라하게 만든다. 무엇보다도 병원 자체가 노인을 환영하지 않는다. 의사들은 수많은 질환에 한꺼번에 시달리는 환자를 치료하는 데 역부족을 절감한다. 의학이 여러 영역으로 전문성을 심화시키는 가운데, 종합적인 접근이 요구되는 노인병 분야는 지지부진하다. 게다가 의사들은 소통이 어렵고 자신의 지시를 잘 따르지 않는 노인들을 꺼린다. 그러한 진료실의 분위기에서 노인 환자는 굴욕감을 느끼기 쉽다. 대부분의 노인이 말년을 보내는 병원이 환자의 인격과 존엄을 품어주는 공간이 되려면 무엇이 필요할까. 빠르게 진행되는 초고령사회에서 함께 고민해야 할 질문이다.

존엄

고독사와 무연사에
대하여

어떤 개인이나 사회의 행복을 논의하고 평가할 때, '삶의 질'은 언제나 핵심 주제로 다뤄져왔다. 그런데 최근에는 '죽음의 질'이 관심의 대상으로 떠오르기 시작했다. 아직은 생소한 개념이지만, 임종의 과정에서 심신의 고통을 얼마나 느끼는가, 그리고 당사자가 인간적으로 존엄을 보장받는가가 질문된다. '삶의 양'이 '삶의 질'로 등식화되지 않듯이, '삶의 질'은 '죽음의 질'을 보장하지 못한다. 평생 행복하게 잘 살았다 해도, 죽어가면서 불행해질 수 있다. 젊은 사람들은 윤택하게 생활하는데 말기 환자나 죽음에 임박한 노인들은 비참하게 소외되는 사회가 있을 수 있다.

영국 《이코노미스트》 연구진은 2010년에 이어 2015년에 전 세계 80개국을 대상으로 죽음의 질을 측정해 순위를 발표했다. 두 차례 조사에서 죽음의 질이 가장 높은 나라는 영국이었고, 그다음으로 호주, 뉴질랜드, 아일랜드, 타이완, 독일, 네덜란드, 미국 순이었다. 한국은 2010년 32위에서 2015년 18위로 상승했고, 아시아 태평양 지역에서만 보자면 6위로 나타났다. 그 구체적인 지표는 다섯 개 영역으로 나뉘는데, 완화치료와 보건의료 환경, 인간자원 영역, 감당 가능한 비용의 돌봄, 돌봄의 질, 완화치료에서 지역사회 참여의 수준이 그것이다.

죽음의 질에서 한국이 비교적 높은 등급을 차지한다는 것은 다행스러운 일이다. 그런데 그 비교 조사가 얼마나 정밀하고 객관적인지는 좀 더 따져보아야 할 듯싶다. 과연 2010년 이후 5년 동안 한국인의 죽음이

질적으로 많이 향상되었는가? 직관적인 느낌으로는 선뜻 동의하기 어렵다. 이런 광범위한 비교 조사일수록 평가 지표를 어떻게 잡느냐에 따라 매우 상이한 결과가 도출되기 쉬운데, 위에서 언급한 다섯 영역을 보면 주로 의료적인 치료에 초점을 맞추고 있다. 의료관광으로 입국하는 외국인이 늘어나는 것에서 알 수 있듯이 한국의 의료 수준은 높고, 특히 의료 보험제도가 워낙 잘 되어 있다. 그런 상황이 높은 점수를 받게 한 요인이 아닐까 짐작된다.

그런데 앞에서도 살펴보았듯이, 죽음을 둘러싼 쟁점 가운데 의료는 하나의 영역에 불과하다. 죽음의 질에 관한 조사에서는 전혀 다루고 있지 않지만 실제로는 매우 중요한 것이, 죽어가는 과정에서의 인간적 유대다. 생애 마지막 단계에서 곁을 지키며 보살펴주고 힘겨운 여정에 동행해줄 누군가가 있는가의 문제다. 그에 관한 직접적인 연구는 찾지 못했지만, OECD가 '사회적 고립'의 현황을 국가별로 비교한 조사 결과를 참고할 수 있을 듯하다.

OECD의 〈How's Life? 2020 리포트〉에 따르면, 2016~2018년 OECD 평균 '사회적 고립도', 즉 도움이 필요할 때 도움받을 친구 또는 친척이 없다고 응답한 비율은 한국이 20퍼센트로 2위를 기록했다. 그리고 50세 이상 연령층에서는 한국이 37퍼센트로 OECD 37개국 중 사회적 고립도 1위를 기록했다.

물론 늘 다른 사람과 어울려 지내는 것이 항상 좋은 것만은 아니다. 특히 한국처럼 집단주의 압력이 강한 사회에서는 개인의 내밀한 시공간이 절실하다. 문제는 독립과 자율이 아니라 단절과 소외의 상황이다. 인간은 본질적으로 매우 사회적이고 의존적인 동물이니만큼, 최소한의 인간관계가 일정하게 유지되는 건 행복의 필수 조건이다. 그런 점에서 사회적 고립은 삶의 안위를 위협하는 조건이라고 할 수 있다.

한국은 오랫동안 공동체적인 결합이 농후한 사회였는데, IMF 금융위기 이후 경제가 어려워지면서 사람들 사이의 유대가 급격하게 해체되었다. 앞에서 언급한 OECD의 조사 결과가 그것을 잘 보여주고 있고, 그 외에도 '가족 및 친척 접촉 빈도'라는 조사[46]가 이뤄진 바 있는데, 거기에서도 한국인이 혈연과 교류하는 정도가 이미 2000년대에 세계 최하위권을 기록했다.

사회적인 관계가 허약해지는 상황은 죽음과 관련해서 더욱 극명하게 드러난다. 죽음을 맞이하면서 겪는 곤경은 신체적인 괴로움에만 있지 않다. 인간은 늙고 죽어가는 시간에도 누군가가 곁에 있어주기를 바란다. 역사 속에서 대부분 사람들에게 그것은 별 문제 없이 이뤄졌다. 아무리 신분이 낮고 가난하더라도, 생애의 끝자락을 가족과 마을이라는 일정한 공동체적 관계 속에서 맞이할 수 있었던 것이다. 그런데 언제부터인가 그 최소한의 사회적 욕구조차 충족하기 어려운 사람들이 생겨나기 시작했다. '무연(無緣) 사회'로 정의되는 현상들이 나타났고, 그 연장선상에서 '고독사'가 심각한 문제로 부각되고 있다.

고독사에 대한 정의가 아직 명확하게 내려지지는 않았지만 이미 언론과 사회에서는 널리 통용되고 있다. 서울시복지재단이 2016년 7월에 '서울시 고독사실태와 대안'이라는 주제로 정책 토론회를 열었는데, 거기에서 주제 발표를 했던 송인주 연구위원과 김명숙 KBS PD는 고독사의 의미를 '관계망이 단절된 상태에서 홀로 살던 사람이 홀로 임종기를 거치고 사망 후에 방치되었다가 시신으로 발견되는 것'이라고 요약했다. 보건복지부가 내놓은 자료를 보면 '무연고 사망자'는 2012년 이후 10년 동안 세 배 이상 늘었다(2012년 1,025명, 2021년 3,488명). 그리고 고독사는 2021년 기준 3,378건으로, 5년간 매년 8.8퍼센트가량씩 증가한 것으로 나타났다.[47]

고독사가 왜 문제인가. 최근 몇 년 사이에 중요한 쟁점으로 떠오른 '존엄사'와 관련해서 생각해볼 필요가 있다. 존엄사는 무의미한 연명치료를 받지 않을 권리라는 차원에서 주로 논의되지만, 근본적으로는 '품위' 있게 죽는 것을 의미한다. 품위란 여러 의미를 내포하는 개념이지만, 품위가 없다는 것은 쉽게 상상할 수 있을 듯하다. 예를 들어 스스로 몸을 가눌 수 없을 만큼 쇠약한 상태에서 누군가로부터 인격적인 대접을 받지 못하면 비참한 지경이 아닐 수 없다. 또 죽어갈 때 곁에 아무도 없다면 그 역시 원치 않는 비참한 임종이리라.

　우리는 왜 고독사를 원치 않는가. 우선 삶의 최종적인 단계를 외롭게 걸어가 그 종지부를 혼자서 찍어야 하는 허전함과 막막함 때문이다. 그리고 또 한 가지, 죽고 나서 오랫동안 주검이 방치되어 흉측한 모습으로 변해가는 것에 대한 두려움 때문이다. 임사체험을 한 사람들 가운데는 목숨이 끊어지자마자 유체 이탈이 되면서 죽어 있는 자신의 모습을 보았다는 이들이 있다. 고독사를 하고 나서 그것이 가능하다면, 여러 날 동안 혼자서 부패해가는 과정을 지켜보는 것이 엄청나게 고통스러울 것이다.

　유체 이탈이 실제로 이뤄지는지는 불확실하다. 하지만 참혹하게 변질되는 자신의 몸을 상상하는 것만으로도 인간은 충분히 고통을 받는다. 인간은 자신의 존엄성을 죽음 이후에도 보장받고 싶어 하기에, 자신의 주검이 어떻게 다뤄지는지에 신경 쓰지 않을 수 없다. 고독사가 늘어나는 사회에서 누군가의 품위 없는 죽음은

271

곧 자신의 존엄을 위협하는 암시로 읽힌다. 인간은 근원적으로 사회적 동물이기 때문이다.

최근 일본에서는 '묘우(墓友)'라는 새로운 인연이 생겨나고 있다. 홀로 죽지 않을까 걱정하는 사람들끼리 미리 네트워크를 맺어 교분을 나누고, 죽고 난 후에는 하나의 묘에 함께 들어가기로 약속하는 것이다. 생을 어떻게 마무리하는가는 인간의 격(格)을 얼마만큼 고결하게 세워왔는가와 직결된다. 우리는 압축 성장으로 질주하는 동안 인격과 마음의 문제를 내팽개쳐왔다. 이제 고독사를 정면으로 마주하면서 대안적인 공동체와 정책을 모색하는 것은, 삶 자체를 깊이 성찰하고 재구성하는 작업과도 일맥상통한다고 할 수 있다.

마을

품위 있는 웰다잉의
사회적 토대

근대 이전에는 많이 태어나고 많이 사망했던 다산다사(多産多死) 사회였다. 유아 사망이 워낙 많았기 때문이다. 그러다가 근대 사회로 들어와 다산소사(多産少死)로 바뀌면서 인구가 급증했다. 한국에서 1960~80년대가 여기에 해당할 것이다. 그 후 저출산이 빠르게 진행되면서 소산소사(少産少死)의 단계로 넘어왔다.

그러면 지금은 어떤 단계일까. 2022년 기준 한 해 사망자 수는 37만 명을 넘어섰는데(출생자는 약 25만 명),

죽음, 삶을 깨닫는 화두

인구층이 가장 두터운 베이비부머 세대가 대거 사망하는 2050년쯤 되면 한 해 사망자 수가 70만 명을 넘어서리라고 예상된다. 우리는 어느덧 소산다사(少産多死)의 시대에 접어들었다고도 할 수 있다.

역사상 처음으로 인구 구조가 역피라미드 형태가 되어가는 시대다. 이제 늙고 병들고 죽어가는 일은 개인과 가족 그리고 사회에 크나큰 부담이 되었다. 길어지는 수명과 엇박자가 나는 것은 인구 구조만이 아니다. 전 세계적으로 경제의 저성장이 만성화되면서 고령자를 떠받칠 여력이 고갈되어 간다. 또한 1인 가구 증가와 지역 공동체의 해체로 드러나듯, 삶의 형태가 점점 파편화되어 간다. 거기에 맞물려 개인주의적 가치관이 더욱 만연해져서 당장 자기에게 이득이 되지 않으면 타인에게 관심을 갖지 않는다. 노년의 외로움이 가중될 수밖에 없는 환경이다.

이런 사회에서 죽음을 향해 걸어가는 여정은 여러 위험을 수반한다. 흔히 '장수 리스크'라고 이야기되는 문제들이 말년에 다가갈수록 가중되기 쉽고, 죽음이

확실해지는 단계에서는 감당하기 어려운 재난으로 증폭될 가능성이 높다. 지병이 악화되거나 숨어 있던 병이 돌연 발생해서, 또는 쇠약해진 몸으로 움직이다가 넘어져서 크게 다칠 수 있다. 그래서 하루아침에, 혼자서는 거동을 못 하거나 아예 완전히 누워 지내는 신세가 된다. 갑자기 일상이 붕괴되고 사회적 관계가 끊어질 뿐 아니라, 육체적인 고통과 정신적 괴로움이 극심해진다.

본인뿐 아니라 가족이 감당해야 하는 짐도 만만치 않다. 한국리서치가 2023년에 《한국일보》의 의뢰를 받아 전국 만 18세 이상 남녀 1,000명을 대상으로 조사한 결과를 보면, 응답자 4명 중 1명은 현재 신체적·정신적 장애로 인해 간병이나 수발 등 신체적 도움이 필요한 가족이 있다고 응답했다. 또 본인이나 가족이 아플 경우를 대비한 경제적 준비가 충분히 되어 있다는 응답은 27퍼센트뿐이었다. 그리고 국립암센터가 2013년에 연구한 바에 따르면, 말기암 환자 보호자 중 약 64퍼센트가 실업 상태였고, 보호자 10명 중 2명은 간병으로 인해 직업을 잃은 것으로 조사됐다.[48] 상황은 지금도 비슷하거나 더 악화되었을 것으로 추정된다. 일본에서는 '간병 실업'이 너무 심각해지면서 선거에서도 중요한 정책 의제와 공약으로 다뤄지는데, 한국에서도 그런 현상이 빠르게 진행되고 있는 듯하다.

직장을 잃지 않는다 해도 고충이 크다. 위의 국립암센터 연구에 따르면, 직장에 다니는 보호자도 간병으로 인해 40퍼센트가 극심한 피로를 호소했으며, 급여 감소(33%), 업무 역량 감소(24%), 근무시간 감소(20%) 등의 어려움을 토로했다. 그런 상황에서 경제적인 압박과 가정 경제의 미래에 대한 불안이 가중되는 것은 말할 것도 없다. 연구에 참여한 윤영호 서울의대 교수는 "말기 환자 간병 자체가 가족에게 신체적인 고통뿐만 아니라 정신적인 스트레스, 경제적인 손실 등을 유발한다"면서, "특히 가족들이 환자보다 더 심한 우울증을 호소하는 등 간병이 가족의 건강에 심각한 영향을 준다"고 지적했다.

이렇듯 환자와 가족이 겪게 되는 곤란을 덜어내기

위해서는 무엇이 필요할까. 우선 무의미한 연명치료를 줄여야 한다. 통계청이 발표한 자료에 따르면, 2022년 한국인의 암 사망률(인구 10만 명당 사망자 수)은 162.7명으로 전체 사망 원인 중 가장 높았고, 그다음으로 심장 질환(65.8명), 코로나19(61.0명), 폐렴(52.1명), 뇌혈관 질환(49.6명)이 이어졌다. 암이나 심장 질환, 뇌혈관 질환은 병세가 깊어질수록 강도 높은 의료 처치가 집중적으로 투여되기 쉬운 특징을 갖고 있다. 우선 목숨을 붙여놓고 보아야 한다는 생각에 모든 조치를 취하는 것이다.

한국은 특히 연명치료에 더욱 집착하는 경향이 있다. 우선 죽음에 대한 부정적인 인식과 효에 대한 뿌리 깊은 관념이 환자와 가족들의 맹목적인 선택으로 이어지기 쉽다. 다른 한편, 병원 쪽에서는 환자를 최대한으로 살려두는 걸 당연시할 뿐 아니라, 임의로 치료를 중단할 경우 치르게 될지도 모를 곤란함 때문에 방어적인 자세로 일관한다. 1990년대에 서울 보라매병원 의료진이 회생 가능성이 없다고 판단된 어느 환자의 호흡기를 임의로 뗐다가 유가족이 제기한 소송에 휘말려 패소한 일이 있었는데, 이 사건은 이후 병원들이 연명치료를 무조건 고수해야 한다는 지침이 되었다.

환자가 사경을 헤매는 상황이 되면 가족들은 다급한 마음에 연명치료를 요구하기 쉽다. 그런데 그 결과는? 환자의 고통만 연장하고 보호자의 고생과 경제적인 부담만 커질 뿐이었음을 확인하면서 대부분 후회한다. 그래서 지금은 많은 사람이, 만일 나중에 자신이 위중한 지경에 빠지면 연명치료를 받을 의향이 있냐고 질문을 받으면 대부분 아니라고 답을 한다. 그렇다면 이제 냉정하게 이 문제를 다뤄야 할 시점에 왔다고 볼 수 있다. 긴박한 상황에서 불합리한 의사결정을 내리지 않도록 몇 가지 장치를 걸어둘 수 있다.

이미 널리 알려져 있고 점점 확산되는 것으로 '사전연명의료의향서'가 있다. 19세 이상 성인이 향후 자신이 임종 과정에 있는 환자가 되었을 때를 대비해, 연명치료 중단 등의 결정 및 호스피스 이용에 관한 의사를 직접 문서로 작성한 것을 말한다. 사전연명의료의향서를 작성하기 위해서는 국립암센터를 비롯해 보건복지부가 지정한 등록기관을 방문해야 한다. 자세한 절차는 '국립연명의료관리기관' 홈페이지에 안내되어 있다. 중요한 것은 본인이 아직 건강해 의식이 명료하고 판단력이 정상일 때 작성하고 등록해두어야 한다는 점이다(사전에 등록해두지 않은 경우 자동적으로 연명치료에 들어가는 것이 병원의 현실이다).[49] 이 작업은 자신의 최후를 예견하고 준비할 수 있는 계기가 되기도 한다.

앞서도 얘기했지만 '어떻게 죽을 것인가'의 문제에서 중요한 것 중 하나는 '어디에서 죽을 것인가'이다. 1990년대까지만 해도 노인이 집에서 죽는 비율이 병원보다 훨씬 높았다. 심지어 병원에서 치료를 하다가도 사망이 임박하면 신속하게 집으로 호송하는 일이 흔했다. 그 짧은 시간 동안 목숨이 끊어지지 않도록 조치하는 것이 당시 주된 연명치료였다. 집에서 죽는 것을 당연하고 자연스럽게 여긴 것이다. 그러던 것이 2000년대로 넘어오면서 병원에서 숨을 거두는 것이 대세가 되었고, 이제는 집에서 앓다가도 돌아가실 때가 되면 허겁지겁 병원으로 옮긴다. 웬만한 병원마다 반드시 장례식장이 마련되어 있는 것, 그리고 거기에서 많은 수익을 올리는 것은 한국 특유의 현상이다.

그런데 우리는 정말로 집보다 병원을 선호하는 것일까? 병원이 더 좋은 면이 분명히 있다. 무엇보다도 통증 치료가 언제든 가능하고, 갑작스러운 병세 악화에 신속하게 대응할 수 있다. 그런 환경은 환자 본인에게도 안도감을 줄 뿐만 아니라, 가족의 짐도 덜어준다. 간병인이 드나들고 환자를 수발하기에도 집보다 편리한 환경이라고 할 수 있다. 하지만 그런 기능적인 측면이 아니라 환자의 심리적인 측면에서도 병원이 더 낫다고 할 수 있을까? 병원은 자신에게 익숙한 생활공간이 아니라서 마음이 안정되기 어렵다. 병원은 기본적으로 여러 환자를 수용해 치료하는 시설이지, 차분하게 삶을 마무리하는 장소는 아니다.

한국보다 노인 인구 비율이 두 배 많은 세계 최고령화 사회 일본에서 임종 장소에 대한 조사가 이뤄진 바 있는데, 집에서 별세하는 사람들이 훨씬 평온하게 마지막 순간을 맞이하는 것으로 밝혀졌다. 집은 자신의 생활을 오랫동안 영위해온 공간이기에, 생과 사를 하나의 연속선상에서 경험할 수 있다. 그만큼 죽음에 대한 두려움도 덜하다. 가족들도 그동안 함께 살아온 기억이 담겨 있는 장소에서 노인을 떠나보내면서 공동체 생활의 마디 하나를 의미 있게 그을 수 있다.

지인에게 들은 인상적인 사례가 하나 있다. 몇 해 전 친구 어머니가 돌아가셨는데, 시신을 병원으로 옮기지 않고 집에 모신 채 가족이 모여 앉아 밤을 지새우면서 도란도란 고인에 대한 추억을 나누었다고 한다. 그리고 딸들이 어머니를 정성스럽게 목욕시켜 드리면서 그동안 받았던 사랑에 대한 감사를 고백했다. 그리고 다음 날 바로 입관한 뒤 집에 빈소를 차리고, 가족끼리 조촐하게 장례식을 치렀다. 문상객을 최소한으로 하기 위해 친척과 아주 가까운 지인들에게만 부고를 내고, 다른 이들에게는 사후에 소식을 알렸다. 가족들은 그렇게 고인과 작별한 것을 지금도 뿌듯하게 생각하고 있다고 한다.

너무나 희귀한 사례이고, 이렇게 할 수 있는 가족도 아주 드물 것이다. 하지만 천편일률적으로 진행되는 임종에 대해 다시 한 번 생각하게 해주는 이야기다. 병원이 유일한 임종 장소가 아니라는 점을 새삼 일깨워준다. 물론 집에서 임종하기를 원치 않는 사람도 많을 것이다. 집이 그다지 편안한 공간이 아니고 가족관계도 원만하지 않다면 더 선호하지 않을 가능성이 높다. 게다가 통증 완화 치료가 재빨리 이뤄지지 않고 품이 많이 드는 병수발이 버거워서라도 병원을 선호하게 된다. 그러나 앞서도 보았듯이 한국의 병원은 임종이 가까워진 환자를 환영하지 않는다.

　　지금 필요한 것은 여러 선택이 가능하도록 여건을 확충하는 것이다. 우선 일부 병원에서 지극히 제한적으로 운영하고 있는 임종실을 더 많이 마련해야 한다. 병원으로서는 큰 수술이나 값비싼 검사를 하지 않기에 수지가 맞지 않아 꺼릴 수밖에 없는데, 이때 국가가 복지 차원에서 지원해야 할 것이다. 아울러 호스피스 시설도 다양하게 설립해서 환자들이 고통과 불안을 최소한으로 느끼면서 죽음을 맞이할 수 있도록 해야 한다. 그리고 집에서 임종을 할 경우, 지역의 방문간호센터 등을 세워서 의료진이 수시로 방문할 수 있도록 보건 시스템을 갖출 필요가 있다. 일본 등의 선행 경험이 유용한 참고가 될 것이다.

지금 의료와 임종을 다루는 두 주체는 서로 대조적인 방향으로 양극화되고 있다. 한편으로는 거대한 의료 시스템이 기계적으로 관리하고, 다른 한편으로는 점점 규모가 축소되는 핵가족이 힘겹게 감당한다. 이런 상황에서 죽음의 질은 점점 떨어지고 있다. 지금 우리에게 필요한 것은 그 중간 지대에서 이뤄지는 '사회적 돌봄(social caring)'이다. 지역사회 차원에서 복지 체계를 수립하고 간병 공동체를 활성화함으로써, 병원보다는 인간적이고 가족보다는 효율적으로 환자를 보살피며 가족을 지원해야 하는 것이다. 그런 환경에서 이른바 '슬로 메디신'이 실현되어, 목숨에 집착하며 아등바등하지 않고 품위 있게 죽음을 맞이하는 문화가 정착될 수 있다.

우선순위

오늘 죽음을
살아가기

죽음에 이르는 과정과 임종의 상황을 아무리 편안하게 해준다 해도, 당사자가 감당해야 하는 육신의 고통은 지극할 것이다. 한 번도 겪어보지 못한 일이기에 두려움도 매우 크다. 사랑하는 사람들과 헤어지고 이 세상과도 작별해야 한다는 것, 그리고 미지의 저승으로 가는 길을 오롯이 혼자서 건너야 하는 데서 오는 고독감도 깊다. 그 모든 것을 온전히 감당하려면 이른바 내공이 탄탄해야 한다. 거기에는 타고난 품성도 작용하고, 자신이 속해 있는 사회나 공동체의 문화를 통해 자연스럽게 체득한 인생관과 태도도 변수가 될 것이다. 그러나 결국에는 스스로 닦아온 마음의 부피와 강도가 죽음의 질을 크게 좌우한다고 할 수 있다.

그것은 시한부 판정을 받았을 때 어떻게 남은 생애를 기획하느냐로 드러난다. 가령 6개월이나 1년밖에 살지 못한다고 통보를 받았다면, 무엇을 하면서 마지막 시간을 채울 것인가? 잭 니콜슨과 모건 프리먼 주연의 〈버킷리스트〉(2008) 같은 영화가 그 다채로운 시나리오를 보여준 바 있지만, 그 외에도 감동적이고 중대한 메시지를 시사하는 사례가 많이 소개되어 왔다. 미국의 어느 할머니는 아흔 살에 암 진단을 받고, 치료 대신 여행을 선택했다. 1년간 시간변경선을 무려 열 번가량이나 넘나들면서 미국의 32개 주와 75개 도시, 약 2만 1,000킬로미터의 여행을 통해 할머니는 삶과 배려와 사랑, 그리고 '지금 이 순간'의 중요성을 배웠다고 한다.[50] 그와 비슷한 사례로, 미국의 한 교사인 다비드 메나셰가 쓴 《삶의 끝에서: 어느 교사의 마지막 인생

285

죽음, 삶을 깨닫는 화두

수업》[51]에 담긴 이야기도 그 가운데 하나다.

저자는 고등학교 영어 교사로 재직하던 중에 뇌종양 판정을 받고, 남은 시간이 얼마 남지 않았음을 알게된다. 아직 마흔 중반의 한창 나이. 갑작스럽게 낭떠러지에 서게 된 그는 당분간 교직을 계속 수행하지만, 그마저도 할 수 없는 단계에 이르자 중대한 결심을 한다. 그동안 교실에서 인연을 맺었다가 졸업 후에 여러 곳에서 사는 제자들을 만나러 여행을 떠나는 것이었다. 페이스북에 자신의 상황을 알리면서 미국 일주 의사를 밝히고, 자신을 집에 묵게 해줄 사람들을 모집했다.

그렇게 해서 100일 동안 31개 도시를 돌면서 75차례의 만남을 가졌다. 그 과정에서 자신이 학생들에게 무엇을 심어주었는지를 여러 경험담으로 확인할 수 있었다. 예를 들어 어떤 학생은 작문 시간에 임신한 친구 이야기를 써도 되느냐고 물어보았는데, 논란이 될 수 있는 주제였지만 학급 아이들이 그 친구의 상황을 더잘 이해해줄 수도 있으니 써보라고 격려해주었다고 한다. 그 결과 임신한 친구뿐만 아니라 학급 아이들 모두에게 호응을 얻었는데, 그 학생은 글로 남을 감동시킬 수 있는 자신의 능력을 발견하고 예일대학교에 진학해 현재 기자로 활동하고 있었다.

또 어떤 학생은 말을 심하게 더듬었는데, 발표할 때마다 증세가 나타났다. 그때 교사가 (항암 치료를 받으러 갔다가 얻어온) 빨간 '스트레스 볼'을 차에서 꺼내어 갖다주면서, 그것을 꼭 쥔 다음에 하고 싶은 말을 해보라고 격려했다. 그것을 계기로 학생은 서서히 긴장을 풀고 발언하는 용기를 체득해갔는데, 이후에는 영어 우등반에서 가장 조리 있게 말을 잘하는 학생으로 성장했다. 그리고 졸업 후 버클리 음대에 진학해서 컨트리밴드의 인기 싱어로 활동하고 있음을 알게 되었다.

건강이 극도로 좋지 않은 상황에서 감행한 여행이었던 만큼 도중에 객사할 수도 있었지만, 저자는 오히려 여행 중에 인생을 더 제대로 살았다고, 여행이 자신을 죽이는 대신 살렸다고 고백한다. 더 이상 내려갈 데 없는 바닥에서 뒹굴고 있던 자신을 인생의 정점으로 끌어올려 주었다는 것이다. 그는 자신을 만나준 졸업

죽음, 삶을 깨닫는 화두

생들에게 이렇게 편지를 보냈다.

　"이번 여행을 하면서 너희 덕분에 새로 배운 것이 있어. 내 인생이 아직 끝나지 않았다는 것. 그리고 내 인생이 더 나아질 수 있다는 것. 그런 귀중한 교훈을 준 너희에게 무한한 감사의 마음을 표한다."

　이 책의 원제는 'Priority List(우선순위 목록)'이다. 인생이 변하면 우선순위도 변하게 마련이라는 메시지를 담고 있다. 어떤 나이에 죽음을 맞이하든, 가치관의 극적인 전환이라는 도전에 직면할 것이다. '죽음학'의 선구자 퀴블러 로스는 《인생 수업》의 마지막 부분을 이렇게 쓰고 있다.

　　이번 생과 같은 생을 또 얻지는 못합니다. 당신은 이 생에서처럼, 이런 방식으로 이런 환경에서, 이런 부모, 아이들, 가족과 또다시 세상을 경험하지는 못합니다. 당신은 결코 다시 이런 친구들을 만나지 못할 것입니다. 다시는 이번 생처럼 경이로움을 지닌 대지를 경험하지 못할 것입니다. 삶의 마지막 순간에

> 바다와 하늘과 별 또는 사랑하는 사람들을 마지막으
> 로 한 번만 더 볼 수 있게 해달라고 기도하지 마십시
> 오. 지금 그들을 보러 가십시오.[52]

현명한 사람은 죽음을 코앞에서 직면하기 전에 미리 삶의 우선순위를 돌아본다. 평소에 자아와 세계에 대한 성찰을 다지면서 마음을 끊임없이 리모델링한다. 그것은 궁극적으로 죽음에 대한 숙고를 병행한다. 언제 닥칠지 모르는 생의 종말을 가까이 끌어당겨 명상하고, 살아 있음의 의미를 실존적으로 탐구하는 것이다. 물론 그 연습과 수행은 수월하지 않을 것이다.

다행히 인류의 문화유산에서 소중한 지침이나 실마리를 얻을 수 있다. 동서를 막론하고 죽음을 둘러싼 사유는 다채로운 뉘앙스로 전개되어 왔다. 추상적 언어로만이 아니라 의례나 예술로 형상화되기도 했다. 고대의 역사학자 헤로도토스의 기록에 따르면, 이집트 시대의 잔치에서는 끝무렵에 정해진 사람들이 유골을 실은 들것을 메고 방 안을 돌아다녔다고 한다. 기쁨이

출렁이는 시공간에서 역설적으로 죽음의 운명을 상기하도록 하는 퍼포먼스가 아니었나 싶다. 그런가 하면 중세에는 수도사들이 책상 위에 해골을 가져다 놓고 수시로 죽음을 생각했고, 그 연장선상에서 '바니타스 아트'라는 장르가 출현했다. 해골, 구부러진 거울, 모래시계 등 '공허(vanitas)'를 소재로 한 그림들이 그것이다. 생의 허무함을 직시하면서 영원한 무엇을 관조하려는 의도가 엿보인다.

그러한 문화에 깔려 있는 철학은 분명하다. 불멸에 대한 의식적·무의식적 집착을 버리라는 것이다. 생사가 일여(一如)하니 죽음이라는 낡은 옷을 벗는 것일 뿐이라는 선불교의 가르침은 그러한 집착의 뿌리를 해소해준다. 일본의 옛 선사 무난(無難)은 말했다.

"살아 있는 동안에 죽어라. 완전히 죽어라. 그러면 무슨 일을 하든 다 좋다."

회피하고 싶은 죽음을 오히려 적극적으로 품으면 오히려 지금의 삶이 자유로워진다는 뜻이다. 몽테뉴도 비슷한 말을 했다.

"어디서 죽음이 우리를 기다릴지 모른다. 그러나 사방에서 기다리게 하라. 죽음을 연습하는 것은 자유를 연습하는 것. 죽는 법을 배운 사람은 노예가 되는 법을 잊었다."

릴케도 "죽음을 제대로 이해하고 칭송하는 자, 삶을 넓힌다"고 말했다. 그것이 어떻게 가능할까. "죽음을 연습할 때 우리는 에고보다 영혼에 동화되는 법을 배우"기 때문이다. 시크교의 구루, 람다스의 말이다.

개체의 죽음은 종(種)의 존속에 필연적인 요소다. 그런데 인간만이 그 순환의 고리를 거부하고 생명 연장에 집착한다. 젊음 숭배의 문화 속에서 '노인' 대신 '신중년'으로 호명되는 베이비부머는 만년 청춘의 환상에 사로잡히기 쉽다. 하지만 육신의 쇠락을 외면하는 삶은 허망한 껍데기일 뿐이다. 상실의 여정을 담담하게 걸어가는 정진, 죽음을 삶의 일부로 맞아들이는 연습이 필요한 때다.

죽음으로 가는 여정은 상실의 연속이라고 할 수 있다. 그동안 누렸던 것들을 하나둘씩 잃게 되기 때문이다. 건강, 외모, 기억력, 사회적 지위, 인간관계, 기회, 의욕, 돈…. 이 모든 것을 어쩔 수 없이 내려놓아야 한다. 그러한 상실을 부드럽게 수용하는 힘은 어디에서 생겨날까. 자기를 넘어선 더 큰 세계를 발견하고 접속할 때 생명의 신비함에 사로잡히면서 전혀 다른 기운에 다가가는 것이리라. 개개의 삶이 원대한 존재의 한 조각임을 자각할 때, 자신의 소멸이 만물의 커다란 순환의 한 고리임을 알아차릴 때, 죽음은 두려움이 아닌 친근함으로 다가온다. 거기에서 우리는 '참 나'(얼)를 만나게 된다.

1　이문재,《꽃이 져도 너를 잊은 적 없다》, 이레, 2007, 7쪽.

2　마쓰오 가즈야, 김정환 옮김,《50부터 뻗어가는 사람, 시들어가는 사람》, 센시오, 2021, 88쪽.

3　박언곤,《한국의 정자》, 대원사, 2008, 69쪽.

4　홍인혜, "투수를 일으킨 '어제저녁에 뭐 먹었어?'",《한겨레》, 2020년 8월 7일.

5　파커 J. 파머, 김찬호·정하린 옮김,《모든 것의 가장자리에서》, 글항아리, 2018, 76~77쪽.

6　남궁인,《지독한 하루》, 문학동네, 2017, 67쪽.

7　한동일,《믿는 인간에 대하여》, 흐름출판, 2021, 43~45쪽.

8　에릭 클라이넨버그, 홍경탁 옮김,《폭염 사회》, 글항아리, 2018.

9　엘렌 랭어, 변용란 옮김,《늙는다는 착각》, 유노북스, 2022, 283쪽.

10 키케로, 정영훈 엮음, 정윤희 옮김, 《키케로의 노년에 대하여》, 소울메이트, 2015, 21쪽.

11 제러미 리프킨, 이경남 옮김, 《공감의 시대》, 민음사, 2010, 149쪽.

12 괴테, 박영구 옮김, 《괴테의 이탈리아 기행》, 푸른숲, 2004, 259쪽.

13 "명령 따라 5·18 투입된 보통 군인도 역사 속 피해자", 《한겨레》, 2020년 5월 13일.

14 버트런드 러셀, 이순희 옮김, 《행복의 정복》, 사회평론, 2005, 98쪽.

15 윌 듀런트, 안인희 옮김, 《역사 속의 영웅들》, 김영사, 2011, 167쪽.

16 해녀들을 취재한 내용을 책으로도 묶어 냈다. 고희영, 《물숨: 해녀의 삶과 숨》, 나남, 2015.

17 정재찬, 《시를 잊은 그대에게》, 휴머니스트, 2015, 139~142쪽.

18 임종욱 옮김, 《논어》, 나무아래사람, 2002, 75쪽.

19 김용옥, 《도올 논어》, 통나무, 2001, 69쪽.

20 신정근, 《마흔, 논어를 읽어야 할 시간》, 21세기북스, 2011, 138쪽.

21 배병삼 주석, 《논어》, 문학동네, 2002, 78쪽.

22 더글러스 스톤 외, 김영신 옮김, 《대화의 심리학》, 21세기북스, 2003, 196~197쪽.

23 권일용, "고립된 자의 마지막 말", 《한겨레》, 2020년 8월 20일.

24 규장각한국학연구원, 《조선 사람들의 동행: 군신, 사제, 선후배, 부부, 친구, 의형제로 읽는 역사》, 글항아리, 2021.

25 안대회, 《조선의 프로페셔널》, 휴머니스트, 2007.(개정판 《벽광나치오》, 2011.) 이재원, 《조선 최초의 전문 산악인, 창해 정란》, 책이라는신화, 2022.

26 정약전·이청, 정명현 옮김, 《자산어보》, 서해문집, 2016, 30쪽.

27 고미숙, 《조선에서 백수로 살아남기》, 프런티어, 2018, 132~133쪽.

28 "나는 하수다…후배든 중학생이든 누구에게도 배울 수 있다", 《경향신문》, 2022년 10월 11일.

29 데이비드 브룩스, 김희정 옮김, 《인간의 품격》, 부키, 2015.

30 새뮤얼 아브스만, 이창희 옮김, 《지식의 반감기》, 책읽는수요일, 2014.

31 알베르토 망겔, 이종인 옮김, 《서재를 떠나보내며》, 더난출판사, 2018.

32 토마스 무어, 노상미 옮김, 《나이 공부》, 소소의책, 2019, 241~242쪽.

33 김현철, "황혼 육아, 삶의 활력소일까 골병의 원인일까", 《시사IN》, 2022년 11월 6일.

34 토머스 해리스, 이영호·박미현 옮김, 《아임 오케이, 유어 오케이》, 이너북스, 2020, 148~150쪽.

35 데이비드 그레이버, 김병화 옮김, 《불쉿 잡》, 민음사, 2021.

36 데니스 뇌르마르크, 아네르스 포그 옌센, 이수영 옮김, 《가짜 노동》, 자음과모음, 2022.

37 https://www.youtube.com/watch?v=vlisYWCnteE

38 다큐멘터리를 함께 만든 김주완 기자가 취재 내용을 정리해서 펴낸 책에도 실려 있다. 김주완, 《줬으면 그만이지》, 피플파워, 2023, 130~131쪽.

39 김주완, 위의 책, 105쪽.

주

40 신형철, 《정확한 사랑의 실험》, 마음산책, 2014, 34쪽.

41 다니엘 핑크, 김명철 옮김, 《후회의 재발견》, 한국경제신문, 2022, 277쪽.

42 구사나기 류슌, 서가영 옮김, 《단순하게 생각하는 연습》, 팬덤북스, 2016, 192쪽에서 재인용.

43 주제 사라마구, 정영목 옮김, 《죽음의 중지》, 해냄, 2009.

44 아툴 가완디, 김희정 옮김, 《어떻게 죽을 것인가》, 부키, 2015(개정판 2022), 200쪽.

45 앤 카르프, 이은경 옮김, 《인생학교: 나이 드는 법》, 프런티어, 2016.

46 정재기, 〈한국의 가족 및 친족간 접촉 빈도와 사회적 지원 양상: 국제간 비교의 맥락에서〉, 《한국인구학》 제30권 제3호, 2007.

47 2022년 용혜인 기본소득당 국회의원이 보건복지부로부터 제출받은 '무연고 사망자' 통계 자료.

48 "말기암 환자 보호자 20% 간병 때문에 실업", 《이데일리》, 2013년 5월 27일.

49 자세한 상황에 대해서는 김현아, 《죽음을 배우는 시간》, 창비, 2020, 186~190쪽 참고.

50 "아흔 살에 암이 준 선물", 《조선일보》, 2016년 8월 26일.

51 다비드 메나셰, 허형은 옮김, 《삶의 끝에서: 어느 교사의 마지막 인생 수업》, 문학동네, 2016.

52 엘리자베스 퀴블러 로스, 데이비드 케슬러, 류시화 옮김, 《인생 수업》, 이레, 2014, 261쪽.